梶山孝夫

若き日の藤田幽谷

――その学問形成――

◆水戸史学選書◆

企画　水戸史学会
発行　錦　正　社

まえがき

水戸史学会の創立の直接的発端は藤田幽谷である。創立の発端というのは昭和四十八年の藤田幽谷先生生誕二百年記念事業にそれをみるからである（平成五年『水戸史学』第三十九号収録の名越時正前会長「水戸史学会創立二十周年に思ふ」参照）。宮田正彦氏（現水戸史学会長）は記念事業の概要を次のように報告されている（『日本』昭和四十八年五月号掲載）。

「今年、昭和四十八年三月二十九日が、新暦に換算して、安永三年二月十八日から丁度二百年に当ることに気付かれた名越時正氏の発案によつて、藤田幽谷先生生誕二百年祭が計画されたのは、去る一月半ばであつた。直ちに水戸市及近在の有志によつて、藤田幽谷先生生誕二百年記念会（会長西野正吉氏）が結成され、水戸市と水戸市教育委員会の協賛を得て、事業の立案実施に着手、今日に到つてゐる」、そして「先づ墓前祭は、三月三十一日、折柄の曇天であつたが、午前十時、鹿島常磐神社宮司の司祭の下に、水戸市内谷中の常磐共有墓地の塋域を清めて厳粛荘重に営まれた。御神裔の藤田彰氏も東京から馳せ参ぜられ、祖国の現状を痛嘆する我等一同、志を新たに邁進することをお誓ひすると共に、先生の幽魂の厳烈な御導きと御力添へとを祈願した。参会する者七十余名。午後一時より、会場を先生由緒の水戸市梅香の屋敷跡、水戸市社会センター大ホールに移して、記念講演会が開催された。講演は、先づ「幕末改革の先駆者」と題して名越時正氏が、先生の一生を簡潔に紹介しつゝ、その学問の精粋が「正名」にあり、義公を承け幕末水戸学を開くものであつたこと、そしてその革新的力は、生涯を賭し、寸暇を惜しんだ学問道義の探究と実践とにあつたことを明快に説かれた。次いで立たれた田中卓博士は、「正名の急務」と題して、今日における正名とは何かを述べられた。即ち、今日の日本の現状を、政体、元首、建国記念日、等の問題をとりあげながら明快に分析、今日のこの混乱を正すには「正名」による以外になく、その第一に考ふべきは現日本国憲法であり、この全ての混乱の根元を、勇気をもつて正していくことこそ今日の急務であると結ばれた」と詳細に及び、さらに遺墨遺品展示会、そして記念講演集と記念論文集の出版予定にふれられている。

記念講演集は巻頭に四葉の写真と祭文を収録して五月に、記念論文集『藤田幽谷の研究』は八本の論文を収録して翌年三月に刊行された。この論文集は戦後における藤田幽谷に関する本格的な学術研究書であった。

当時、墓前祭と記念講演の末席に連なっていた筆者はこの論文集に多くを学びつつ、いつの日にか幽谷研究の一端を担うことができればと念願していた。幽谷門下の吉田活堂を中心とする水戸の国学、そして『大日本史』や『扶桑拾葉集』の研究を経て、ようやく幽谷の学問形成の把握に向かうことができた。それは『幽谷全集』に収められている若き日の勉強の成果に注目するものであったが、本書にはその研究の一端を収めた。

水戸史学会が幽谷に関する研究を発端として創設されたことに思いを馳せる時、このささやかな研究が水戸学あるいは水戸史学の究明に僅かなりとも資するところがあれば望外の喜びである。

令和三年七月

著者記す

若き日の藤田幽谷

――その学問形成――

目次

若き日の藤田幽谷

——その学問形成——

第一章　「藤田神童」の誕生

一　神童誕生の端緒

「藤田神童」とは藤田幽谷のことである。「神童」であるから、後年の幽谷ではなく若年の時代、すなわち十三歳から十五歳のころのことを指す。この語は地理学者として知られる長久保赤水が若年の幽谷に対して称呼したものであり、幽谷の存在が脚光を浴びるに至るのはこの赤水の吹聴による。赤水は立原翠軒から幽谷の「赤水先生七十寿序」（以下「寿序」と略記する）を見せられて驚愕し、それが「藤田神童」という語となって発せられたのである。以下は「藤田神童」誕生の経緯の考察である。

時に幽谷はわずかに十三歳、天明六年十一月のことであった。その少年が老大家である赤水の古稀に当たり、その長寿を祝い、孔子を引用しながら経歴を叙し、「卓抜の質」と「不群の才」による業績を意義づけたのであるから、衆目を集めるのは必然のことであったろう。この経緯を示す翠軒の書簡がある。

藤田屋と申す古着屋の次男熊之介と申す小童、当年十三歳に御座候。書もよくよめ、詩なども作り候に付、幼年ながら文もとりまはしなり可申候間、赤水の賀文を作れと申付候得は、何かこまり候やうに見え候間、是非いたせと申付候へば、別紙の通り認め来候。一字も直し申さゞるまゝを御覧に入申度遣し御目にかけ候。其内に誤も見え候へ共、夫が十三だけに候。併首尾のとりまはし驚入候。奇怪なる事も出来候ものに候。御覧の後、赤水へ見せ被下、夫よりかへり候様御取計ひ可被下候。

（杉田雨人氏『長久保赤水』所引）

文意は明瞭であるが、問題は宛名に「源五兵衛様」とみえることである。通常「源五兵衛」は赤水を指すが、文末の「御覧の後、赤水へ見せ被下、夫よりかへり候様御取計ひ可被下候」からすればこの書簡を赤水宛とすることは明らかに矛盾なのである。文意は「赤水」に回覧し、その後に返却を求めていると解すべきだからである。しかも文中に二度も「赤水」と記しながら宛名を「源五兵衛様」とするのは妙であろう（ただ最初の「赤水」は幽谷に対するものであるから必ずしもそうとはいえないかもしれない）。また翠軒の赤水宛書簡には「赤水様」と記したものが知られるからでもある（もとより他の源五兵衛宛ても存する）。したがって、杉田氏が「翠軒は他の人に宛てた手紙を赤水に廻はさしたのであらう」と解されるのは妥当である。

なお、西村文則氏がその著『藤田幽谷』にこの書簡を引用され、「然るに文中赤水云々は少なからず変だ」としながらも「宛名の源五兵衛」を「赤水のやうだ」とされることはこの書簡の不自然さを物語るものであろう（天明四年とされるのは六年の誤記である。長久保片雲氏『地政学者長久保赤水』も同様に赤水宛書簡とされている）。遺憾ながら今のところ、筆者はこの矛盾を指摘するに留めざるを得ない。

さて「寿序」で幽谷の「神童」ぶりを発見した赤水は、さらに翠軒に幽谷の文章を求めた。それは次の書簡から明らかとなる。

頼弥太郎来月朔日、二日方に出立仕候由、其前に国への土産に致候間、藤田神童の詩文を数編もらひ申度由、懇望に御座候。然るに先達て被遣候綿引先生へ送序、並に歳旦排律を、此間北山へ見せ申候処、紛失いたし候由にて相返し不申、扨々大こまりに御座候。定めし他へかし候て返り不申事と相見候。藤田神童の作文は、野口印譜序、其外にも可有之候。急に写し可被下候。

（杉田氏前掲書）

文中の頼弥太郎は頼春水（山陽の父）のこと、「綿引先生へ送序」「歳旦排律」「野口印譜序」は『幽谷全集』（以下、全集と略記する）には収められていない。北山は姓を山本といい、赤水と交遊があった。その交遊については後述するが、この書簡の時点においてすでに北山に幽谷の文章を提供していたことが窺える。頼弥太郎が出立（江戸在住の赤水を訪問したのは天明四年二月末のことであり、以後交遊する）に際して幽谷の文を懇望したのは、もとより赤水からその「神童」ぶりを聞き及んでいたからであろう。

この書簡が杉田氏の述べる通り幽谷十三歳の時とすれば天明六年のこととなるが、「寿序」はこの年の十一月の執筆であるから、年内に「綿引先生へ送序」などいくつかの文章が赤水を通じて北山に渡っていたことになる。北山と赤水はこれより早くに交遊があったから特に問題はないが、果たして幽谷はいくつかの文章を「寿序」より先に、あるいはこのころにすでに執筆していたのであろうか、という疑問が生じる。この文面からは少なくとも先の三編以外にも文章があることを赤水は知っていたことが窺えるし、この時点で少なくとも「先達て被遣候」ところの「綿引先生へ送序」「歳旦排律」の二編を赤水は読んでいたはずであるから、その才は認識していたと思われる。いうまでもなく二編は翠軒から遣わされた文章である。赤水が「寿序」に驚愕したのは初めて幽谷の文章に接したからでなければならないであろう。しかも、それは子息東湖の「先考次郎左衛門藤田君行状」に割注して「文を作るの始と為す」とみえる通り幽谷の、いわば処女論文だったのである。そうとすれば、この翠軒宛書簡は「寿序」一覧後直ちに発信されたものではなく、それなりの時間が経過してからのものに相違ない。少なくとも天明六年中のものではないであろう。仮に春水の求めに応じての作が全集収録の「安芸頼春水を送るの序」だとすれば天明八年二月二十八日以降の発信となろう。

なお、同年の「赤水先生に与ふ」は春水への伝達と浪華の港に沈めてほしいとの依頼の文であるが、「綿引先生へ送序」は天明七年十月十八日（同八年十月二十八日付の同名の文もある、後述する）付の「綿引徳卿先生に与ふ」なのかもしれない。

ところで、高山彦九郎の「江戸日記」（『高山彦九郎日記』第三巻収録）寛政元年十月六日の条の末尾に次のような記載がある（この記事については杉田氏及び長久保片雲氏の前掲書でもふれられている）。

一文は赤水沿革図の為にし、一文は藤田秀才か為メ作りし也、予先きに来りし時より此度て（ま脱カ）に上野国地理の書を赤水翁欲す、予諾す、野口市蔵印譜を作る、藤田一正一夜に長文を案す、其外高橋又市等も文を作りて序とすといふ、深更に及んで寝《やみ》ぬ、

この文の前に沈琬綸の二文が収められているが、後文すなわち幽谷のために記した一文に「大訳司樊公、持一正藤君、所読古文孔氏伝一篇、以示余」とある。「大訳司樊公」は樊耕甫、すなわち大通事高尾氏をさすが、高尾氏を通じて幽谷の読古文孔氏伝の一文が沈琬綸にもたらされたのである。文中にみえる「野口市蔵印譜」は当時江戸に在った磯原の野口市蔵が作ったものであるから、続く「藤田一正一夜に長文を案す」はその序を幽谷が作ったことをいうのであろう。そうでなければ、さらに続く高橋又市等もが序を作るということと符合しない。ただ、今日伝えられる印譜序は必ずしも長文とはいえないので改作したものとすべきであろうか。杉田氏はこの幽谷の長文を「正名論」と解釈されているが（前掲書）、これは「正名論」の成立を寛政元年とする思い込みから来るものであろう（寛政三年の作であることは元年説を批判しつつ拙著『現代水戸学論批判』に述べた）。沈琬綸が幽谷のために作った一文の末尾には「乾隆五十四年夏日」とみえ、文中には「己酉」とあるのでわが寛政元年のこととなる。すでに引いた赤水の書簡にみえる「野口印譜序」は彦九郎の「江戸日記」に記されているところと符合するものであり、これによれば先に述べた「頼弥太郎来月朔日」の書簡は寛政元年十月六日

以降の発信となるであろう。

ちなみに、野口市蔵は北水と号した赤水の門人で篆刻や銅印鋳造に秀でた人物であり、高橋又市（又市郎、子大・広備のこと、赤水宅にいたのであろう）も赤水門人であった（横山功氏編著『長久保赤水書簡集』）。先の書簡にみえる「野口市蔵印譜」は天明七年成立の『江遊印譜』のことであり、高橋広備・斎藤伯通・藤田一正・立原万・長久保赤水・太田南畝などの序跋が付されている（秋山高志氏『在郷之文人達』によるが、秋山氏は高橋や幽谷の序なども紹介されている。原本は東京国立博物館が所蔵しているという）。

二　赤水の吹聴

杉田氏は藩主への赤水口上書を引用されている。この口上書は幽谷を推奨したものであり、長文ではあるが「藤田神童」を考えるに当たって極めて重要であるから、数段に区切って検討することとしよう。ちなみに杉田氏は幽谷自筆の書き抜きから抄出されたという。

藤田熊之助年十三の時、赤水七十の寿文を作る。十四歳の時、備中古河老人（古松軒）巡見使に従ひ奥羽に行を送る文あり。其文成人の作の如し。初めより他人一辞を賛する事能はず。覧る者目を驚かさずといふことなし。

熊之助は幽谷の幼名である。「備中古河老人」は旅行家として知られる古川古松軒のことで、この

「送る文」は全集に収められ、天明八年春の作という（そうとすれば十五歳の作となる）。

十五歳に至りて、経学を論じ、其見識大人の如し。徂徠春台などが古文孝経孔安国伝を信じ、甚賞玩し、増註を作り、唐土にも渡し、唐土にても知不斎といふ者、是を吹聴して書にも録し、其の書此方へも渡り、人々賞玩雷同し、孝経刊誤大義などをば、見る人もなき様になるを痛み、熊之助安国伝は後人の偽作なる事を弁ず。其説的切一々其病に中《あた》れり。漸く志学の童子にて、徂徠春台等白髪老成の見識よりも、大きに上に出る事、和漢に稀なる奇談なり。是れ即ち義公の御文化の御遺風より生れ来り。

「古文孝経孔安国伝」は孔安国による『孝経』の注釈書であるが、十五歳の幽谷はこれを偽作と考察した。それまでわが国では荻生徂徠や太宰春台によって信奉されており、特に春台が足利学校蔵本に基づき『古文孝経』を刊行した以後流布している（架蔵本は片山兼山が寛政六年に再板したもので、原本は太宰春台の享保十七年刊行本である。明和九年の兼山の序があり、春台の「重刻古文孝経序」も付されている。幽谷が参照したのは兼山の刊行以前のものであろう。なお寛政四年に水戸の咸章堂から、また無刊記ではあるが彰考館からも群書治要収録本が刊行されている）。

「孝経刊誤大義」は朱子の『孝経刊誤』と元の董鼎が刊誤に注した『孝経大義』（玄宗皇帝の注に後世の注解を加えた『孝経大義』がある）をいうのであろう（加地伸行氏講談社学術文庫『孝経』及び同氏日本思想大系『中江藤樹』の解説「『孝経啓蒙』の諸問題」）。幽谷の論は徂徠や春台の見識よりも優れていると評価したわけである。

異国へも吹聴し御国の文献に誇り可申と、清客にも見せ申候処、沈宛倫、程赤城など心酔して、唐土にも比類なきよし、称美の書来る。猶又京都相国寺五山碩学、大典禅師当代高名の禅師、此文を覧て、希世の希材と誉められ候。其書翰あり。其実誠に奇なる故に、上聞に達し、史館に召挙げらるといへども、猶又人の知る為めに、其時贈答の書翰を此に録する事左の通り。

ここには清の沈琬綸や程赤城、さらに赤水と交遊があった大典禅師（黄檗宗の学僧）からも賞讃されたことがみえるが、赤水の吹聴の結果であろう。「史館に召挙げらるといへども」とあるから史館入館、すなわち史館小僧に採用された後の発信ということになる。入館は十五歳の正月のことであった。

（程赤城の書牘を熊之助に遣る、此謝詞を致し候様申付候得共、唐人へ直に謝書遣はし候事は、遠慮も御座候とて、赤水方迄謝詞の書牘参り候間、是書を赤水書翰の内へ入て唐迄遣はし候）藤田生が古文孝経孔安国伝は、偽作なりの論は少年の見識奇特に存じ候故、長崎へ遣はし、清客に見せ、唐土の童子にも、如是経学に志ある者ありや否やと尋ね候へば、甚賞翫の由、書牘参り候。即時に水戸へ遣はし、此に無御座候間録し不申候。但其文藤田生を、成人と存じ賞翫致し候は、間違ひに御座候。因つて童子の作文なるを知らず。其書の精力の所も深く考へず、漫に誉候様に相見へ候間、其段長崎大通事高尾嘉左衛門に、不満の趣意を申越候。因つて其翌年に成りて、程赤城より如左申来候。

赤水は幽谷の「神童」ぶりを清客に吹聴し、その結果を水戸へも知らせているが、その中には幽谷を成人とする誤伝もあったため高尾嘉左衛門を通じて不満を表明していた。高尾は文中にもみえ、また先にもふれた通り長崎の大通事であるが、かつて赤水が領内の漂流民受け取りのために長崎に行った際に交流した人物である（その詳細は『長崎行役日記』にみえる）。続いて掲げるのは程赤城の書の一節である。

藤君髫年俊髦《ちょうねんしゅんぼう》（幼年で優れている）、能く此の如きを得。豈天地の鐘霊、山川の毓《いく》秀に非ざらん耶、我邦数々文藪を称す。之を髫年にして誉を得る者を求めば、固に（よりカ）人に乏しからず。竊に恐る、是の如く経旨を明かにする者、愧を抱く無くんば非ざる耳。

杉田氏は世辞横溢とされているが、確かにその側面はあろう。療養中の赤水はこの返書を「両神童」（山本北山の赤水宛書簡、後述の六十四）の一人である門人高橋広備に代筆させたという。

三　「古文孝経孔安国伝」の考察

それでは赤水をして「藤田神童」と言わしめ、唐人を驚嘆せしめたという「古文孝経孔安国伝」を偽書であると論じた一文はどのようなものであったのか。いよいよ、これに言及しなければならない。その論文は全集収録の「古文孝経孔氏伝を読む」と題するもので、天明八年十月二十七日に成った一編であり、史館入館一年に満たない時期の論文である。全文およそ千五百字、堂々の内容といえるが、それは主として孔伝の成立に関しての矛盾を衝いたものである。孔安国は孔子の子孫といわれ五経博士の一人である。『尚書』を担当したらしいが司馬遷の師としても知られる。その論点は次の通りである。

まず、春台が『尚書』を伝するのは学士や丈夫とする一方で『孝経』を伝するのは凡人であるとしたことに対して、それならば孔安国は凡人なのかとの疑問を提出する。そして安国の序を引きながら、序には焚書坑儒によって『孝経』が伝わらなかったが、漢代の建元の初めに武帝の三男である河間王が十八章を得て献上したというのだから、河間王は「今文孝経」を献上したのであり、その後に「古文孝経」が出現したのである。また魯の三老（孔子恵）が古文を献上し、これが正本となった。河間王の献上本は誤りも多いが、先に世に出たので諸国で使われている。漢の先帝の引用句は「皆伝に曰くと言ふ」とするが、それは「今文孝経」からの引用なのである、という。そうすると、安国は武帝時代の人であるから武帝以前の先帝はどの書によったのか。これは齟齬ではないか。安国の序に「昔、吾伏生《ふくしょう》（漢人、今文尚書の研究家）に従つて古文尚書の誼を論ずるに逮《およ》べり。時に学士会す。叔孫氏の門に出づと云ひて、自ら孝経を知る師法有るを道《い》ふ」とみえるのは、河間王が献上する以前に「今文孝経」が存在した証拠であるとし、偽作の根拠として三点を指摘している。その三点は久野勝弥氏によれば、

一、文体語勢が卑弱であること

二、訓古及び義理の説明が繁雑であること
三、孔子及び曽子の伝記の説明が詳し過ぎること

の三か条となる（『藤田幽谷の研究』収録「青藍舎の教育」）。さらに幽谷の引用は『論語』や『周礼』、そして『孝経』では五か所に及び、偽作説を主張したのである。

それでは、このような幽谷の主張はどのようにして成立したのであろうか。その状況を探る史料は全集収録の「綿引徳卿先生に与ふ」である。全集は天明八年十月二十八日付とするが、これは「古文孝経孔氏伝を読む」の翌日に当たる。全集には天明八年十月の作として六本（推定も含めれば九本）の論文が収録されているから、この年、否この月、幽谷の学問が著しく進歩したことが窺えるのである。

さて、この「綿引徳卿先生に与ふ」は一言でいえば孔安国に関しての綿引先生への質問状である。直接に関連する後半部分を三段に区切って掲げてみよう。

①頃者《このごろ》、著す所の孝経孔伝を読むの一篇有り。敢へて諸を左右に呈す。願くは是正を賜はらん。嘗て孔安国の事跡を考索す。史記の孔子世家に曰く、安国は今の皇帝博士為り。臨准の太守に至りて蚤く卒す云々と。蓋し太史公史記を作り、筆を天漢に輟《や》む。則ち安国の卒するや、実に天漢以前に在るなり。

②然れども古文尚書序に曰く、国巫蠱《ふこ》の事有るに値ふと。巫蠱の事は武帝の末年に在り。則ち史記と合はず。豈に魏晋の間尚書孔伝に伝ふる者、覧者をして其の安国に出るを信ぜしめんと欲す。

而して此序を作り、以て之を附会するか。抑も史記の文、後人の羼入《さんにゅう》と為すか。然らば武帝を謂ひて、今皇帝と為すは、後人の辞に非ざるに似たり。

③且つ漢書に亦曰く、遷、尚書を安国に受くと。則ち其の時世亦史記と合す。小子、嘗て尚書孔伝を信じ、是に於てか、疑心一たび生ずるや、未だ適《ゆ》き従ふ所を知らず。嘗て聞く、先生の善とする所篁墩《こうとん》吉田氏、尚書に鋭意し書説三篇を作ると。此等の事に於て必ずや考証有らん。願はくは先生小子の為に之を叩け。

要点を摘記すると、

①「史記」によれば、安国は天漢、すなわち武帝以前の人である（天漢は武帝時代の年号）。

②「古文尚書序」にみえる国事である巫蠱《ふこ》の事（祈禱や呪いで人を呪う。安国はこのために学官になれなかったという）は武帝末年で、「史記」と合わない。魏晋時代の「尚書孔伝」は安国存在の信用を増すために作られたものなのか。それとも「史記」の記事が後人の挿入なのか。

③「漢書」に遷は「尚書」を安国に受けたとあり、「史記」と合う。自分は「尚書孔伝」を信じてきたので、疑問が生じた。それについて「尚書」を研究している吉田篁墩先生の意見を聞きたいのでご配慮を願いたい。

となるであろう。果たして、これらへの回答はあったのであろうか。全集に収める寛政元年の「綿引先生に与ふ」からすれば、実は何らかの教示があったのである。それは「十数言」の見解であったが、幽谷は再度綿引先生に吉田先生への質問周旋を依頼して「孝経孔伝一篇を読む」を謄写して呈したのである。さらに十八歳の折の「赤水先生に与ふ」という書簡には孔氏伝の考察が「章句訓詁の間に疑ひ」を抱いたことにあり、ほしいままに安国を論じたのではなく、「近世は旧を厭ひ新を喜」んで「妄りに古学を崇尚し」、「百年にして論定の偽書を奉じ、以て一代伝習の注解を廃せんと欲」したからであると述べている。

このようにみると「古文孝経孔氏伝を読む」の主張は単発のものではなかったことが確認できるが、また他にも先輩木村謙次との論争へと展開し（久野氏前掲論文）、「舜典二十八字考」や「読書雑記」などの考察にも発展しているのである。この経緯は後年門人会沢正志斎が『及門遺範』に記した通りであるが、併せて幽谷の『孝経』重視が窺えるのである。

四　赤水の吹聴(続)

赤水は山本北山とも交遊している。北山は孝経楼と号した反徂徠派の『孝経』学者であったが、宮本篁村・茶村兄弟や大窪詩仏など常陸の門人を有していた。この北山に赤水が幽谷の文章を見せていたことはすでに言及した。ここで検討するのは北山の赤水宛書簡三通である。それは横山功氏編『長久保赤水書簡集』に収録される三通で、書簡番号六十四・六十五・六十六である。

まず、六十四は十月廿六日付で、主文は赤水への返礼挨拶であり取り立ててみるべきものはないが、尚々書の前段に注目してみよう。

尚々御初度之事委曲領高意候。随而諸君子之寿章被□寓目再回拝見仕候。頼生、斎藤生を初メ金辞玉詞、扨々致感心候。殊ニ両神童之俊秀水藩古来夥多士候。誠ニ不虚候。

「初度之事」は赤水の七十寿に関することで、赤水は各方面に寿詞を求めて、それを北山にも回覧したのである。その中に頼生(頼春水)や斎藤生(伯通)の文章があり、特に「両神童」すなわち幽谷と広備を賞賛していることが窺える。

六十五は三月十五日付である。

先日者光臨之処、晏々万々之儀遺憾不少奉存候。然ハ藤田童文辞感心、中々点竄《てんざん》所ニ而無之候得共、折角先生之高託故、不顧固陋存付候迄ヲ申上候。御笑置可被下候。此間者両度迄労貴丈大ニ背本懐候。紛冗遅々死罪々々。頓首。再拝。

以上が全文である。ここでも幽谷の文章を賞賛しているが、ここでいう文辞とは一体何であろうか。

六十六は十月廿三日付である。前後を若干省略して中ほどを掲げる。

先以起居万福恭喜候。然者今春先生七帙之寿宴被成ニ御開、西方諸君子大雅之賀楽雲集ニ付、小人拙文も可被肩、其後ニ高意縷々被仰下御交も未仕候間、御辞退も可申筈ニ候得共、長者折角之御索メ小人之栄と奉存候処、不顧固陋過冬之寒前まてニハ可献絳帳《こうちょう》候。

「今春先生七帙之寿宴」とあるので天明六年の発信であろう。北山も寿の文辞を求められ、「過冬之寒前」までには献上することを約したわけである（秋山氏前掲書によると「赤水先生頌寿詩巻」には二十八名の寿詞が寄せられたという）。六十六が天明六年の発信とすると六十四の発信はいつであろうか。主文は挨拶のみであるから年代の確定には至らないが、尚々書は七十寿に関する記述で「両神童之俊秀」に感心しているところからすれば幽谷が「寿序」を書いた天明六年十一月以降であろう。日付からすると天明七年となろうか。赤水は「寿序」以外にも北山に提供しているから、六十五にみえる文辞を「寿序」と断定することができない。仮に「寿序」とすると、前年に成った「寿序」を北山に直接届けて点竄を依頼したのであるから、日付により天明七年ということになろう。

これらの書簡によって、赤水と北山の親密な交遊の中に「神童」幽谷の紹介を位置づけることができるのである。

ところで、幽谷自らは「神童」と称せられることに対してどのような思いを抱いていたのであろうか。全集には天明七年の作（十四歳）として「斎藤伯通君執事に呈す」という文章が収められているが、その中に「号を賜ふに神童を以て及ぶなり。赧然《たんぜん》として面に汗す」と記しており、恥ずかしさのために顔を赤くして汗したというのであるから身に余る評価以上のものを感じていたと思われる。

五　むすび——「古文孝経孔氏伝」研究の意義——

幽谷の「古文孝経孔氏伝を読む」という論文は今日どのように位置づけられるのであろうか。最後に、これを検討しよう。便宜、新釈漢文大系『孝経』の解説を参照して考えてみよう。解説から三点を掲げる。

一、孔安国は魯の曲阜の人、孔子十二世の孫に当たる。西漢、武帝の時、諫議大夫となり、臨准の太子となる。現存の古文孝経孔氏伝なるものは後人の偽作であるといわれている。そうだとすれば、この「古文孝経序」も後人の偽撰で、孔安国の名に託して序を書いたことになる。『漢書』列伝儒林伝の孔安国伝には、『古文孝経』のことは見えていない。

二、伝曰「伝」が出て来た背景あるいは源流として、『経』の存在がある。先ず、先に「経」が存在していたが、「経」の意が深慮であることから、それを判り易くし、語句の歴史的背景を明らかにしておく必要上、伝が「経」に次ぐ存在として、必然的に発生したことが、考えられる。一般に「経」は聖なる先王が創始し、「伝」は聖に亜ぐ賢人が作ったといわれている。「皆言伝曰」という立言の根拠が、漢の武帝や文帝や景帝紀からみて、孔安国の原序とするにはひとつの問題があるものと考えられる。

三、伏生　漢の伏勝、名は勝。字は子賤。秦の博士と為る。孝文帝の時、能く『尚書』を治むる者を、天下に求めて伏生を召したが、年すでに九十余、老いて行く能わず。ここにおいて帝は鼂錯を遣わして、『尚書』を求めて独り二十九篇を得た。これが後の『今文尚書』である。伏生は『今文尚書』の研究家であるのに、「吾れ伏生に従つて古文尚書の誼を論ずるに逮ぶ。」ということからも、「古文孝経序」が孔安国の原文でなく、後人の偽作といわれる所以である。

以上は直接に幽谷の論点に及んでいるわけではないが、傍線部に留意すれば「古文孝経孔氏伝」を偽作とする幽谷の指摘は十分に成立すると考えられる。本格的な批判は後年のことであるとしても、わずか十五歳の幽谷がすでに学界で大きな地位を占めていた徂徠学派に対して論争を挑んだことは近世思想界における快事といってよいであろう。その論理の明確さもさることながら、それに安住することなくその道の重鎮大家に対して教えを乞い、さらなる向上を目指したことにも注目せざるをえないし、北山や赤水ならずとも「神童」を以て称すること（後年の成立である会沢正志斎の『及門遺範』と「幽谷藤田先生墓誌銘」、また青山拙斎の『文苑遺談』にも「神童」とみえている）には十分な理由を見出すことができよう。

その「神童」ぶりの一端を門人石川久徴は左のように記録している。

長久保赤水嘗て清客王世吉・游撲庵と時々書信を通ず、是漂流人の事に依て赤水長崎に至りし時詩文贈答せし故也、赤水七十の寿序を先生書れしを赤水大に驚き其余先生の書れし文章共を写して二客に贈り、斯る奇童も貴国に在りや否、あらば其姓名を聞かんと云ひ送れり、時に二客帰船して清国に在り、後年返翰に斯る神童も弊地に更になし、大いに称誉せりと赤水語りき、

（『幽谷全集』収録「幽谷遺談」）

付記

『貴重書解題第十四巻――藤田幽谷書簡――』に収める二一〇書簡は寛政九年の発信と推定されているが、その一節に「吉田篁墩翁中風ノよし、気之毒奉存候。貴兄御逢被成候哉。もし来春迄も御逗留、彼翁御訪問被成候ハヽ、私手写仕候古文尚書兒詞（毛奇齢ノ）一冊かし置候、先年大坂にて写し、海内ニ類本不多候。何とぞ御取かへし可被下候。奉頼候」とみえる。貴兄は青山延于、先年は寛政七年の西遊を指すのであろうから、「古文尚書」への篤い思い入れが窺える。また、綿引先生を通じての吉田翁への質問は西遊以前のことであるから、西遊以後も何らかの交流があったものと思われる。

第二章　「藤田神童」の展開

はじめに

藤田幽谷が天賦の才を以て「神童」と称された事情については「藤田神童の誕生」としてすでに考察したが、本章ではさらなる「神童」たる所以を探ってみたいと思う。すなわち、幽谷の史学的側面の深化向上をその展開として考えてみようとするのである。考察に当たって特に注目するのは「舜典二十八字考」という論文である。この論文は『幽谷全集』に収録されているが、あいにくと執筆年代やその経緯は不明である。恐らくは「正名論」執筆よりは以前のことであろうが、荒川久壽男教授によれば寛政二年の作という（『藤田幽谷の研究』所収「近世正学の指標藤田幽谷」、後『水戸史学の現代的意義』に収録）。教授は「読書雑記」（『幽谷全集』収録）に関連の記述がみえるところから推定されているのである（確かに「読書雑記」に『尚書』の抄出記載があるが、成立に関する記述はみえていない。若干の条については後に検討する）。寛政二年の作とすれば「正名論」執筆の前年のことであり、いよいよ「正名論」に向かって彼の学問が著しく向上する時期となる。したがって、本章が意図する「神童」としての展開を考える絶好の材料となると考えられるのである。

それでは「舜典二十八字考」とはいかなる論文であろうか。「舜典」とは『尚書』（単に『書』ともいうが『書経』のこと）の一篇であって、堯に継ぐ舜の事績を叙した部分をいうのである。今日一般に知られる『書経』（新釈漢文大系本）では、「舜典」が独立した一篇としてではなく「堯典」の末尾に付されており、「堯典」としての位置づけなのである。それが多様な議論を生む背景となっているが、幽谷のこの論文も広くはこのような流れの中で考えることができよう。「舜典」については改めてその概要にふれるが、まずは幽谷の論点を整理するところから始めよう。

一　「舜典二十八字考」の概要

「舜典二十八字考」はその名の通り「舜典」における二十八字に関する考察であり、大きく二段に分けることができる。前段は序論ともいうべき部分で「書序曰」から始まり、朱熹、王柏、孟子、顧炎武、伊藤長胤の説を引用している。これらの引用は「堯典」が一篇なのか、あるいは「舜典」が分かれて堯と舜の二典なのかという学説の紹介であり、いわば問題の所在を指摘したところである。「書」は『書経』（尚書）、伊藤長胤は仁斎の長男東涯のこと、他は漢土の学者である。朱熹から引いた部分に「堯典」は「帝曰欽哉」までで、「慎徽五典」以下の「舜典」を伏生《ふくしょう》が「堯典」に合わせたのだとみえているが、これが考察の基本となる部分であって長胤説の引用部分にもみえている。

続いて「一正按」と書き出した幽谷の問題点の整理であり要点の箇所となるが、左の部分である。

一正按ずるに、書序の、所謂、諸難を歴試するは、蓋し篇中の慎徽五典、納于百揆、賓于四門等の事を指すときは則ち帝典を分けて之を二とす。書序は実を侷に作る。趙台卿、孟子に注して云く、逸書に舜典の序有り。今、其の文を亡失すと。此れ、蓋し徒に書序を見、而して未だ孔氏の古文を見ず。故にしかいふ。孟子の注に、又、書を引いて云く、舜生れて三十、徽庸と。則ち台卿は舜典を見ざる者に非ず。但し、当時伏生の旧に仍て、之を堯典と謂ふ。故に舜典を以て逸書の目と為すのみ。古文を伝するの学者は、篇数を増多せんと欲し、遂に慎徽五典以下を分ち、名づけて舜典と為す。而して其の篇首は堯典と相似ざれば、則ち姚方興の二十八字の偽撰、自ら来る有り。帝典は宜しく合せて一篇と為すべし。其の説は堯典に見る。此れ、未だ論ずるに暇あらざるなり。

ここでも書序を引き、さらに趙台卿の孟子注を掲げて、古文を伝える学者は篇数を多くしようとして「堯典」を二分し、後半を「舜典」と為した。それは斉の人姚方興が二十八字を偽撰したからであり、本来は一篇とすべきなのである、とする。文中の趙台卿は名を岐といい、後漢の人である。注というのは「孟子註疏」であろう。「書を引いて云く」以下の「舜生れて三十、徽庸」は「堯典」末尾の「舜没す」の条にみえる。伏生は秦から漢初の人で二十九篇を発掘したが、これを「今文尚書」という。

後段は二十八字の考察であり、冒頭に問題とする「曰若稽古帝舜曰重華協于帝濬哲文明温恭允塞玄徳升聞乃命以位」という二十八字を掲げて（異字の割注あり）、孔安国、孔穎達、蔡沈に言及した後、さらに具体的に諸説を挙げている（『幽谷全集』収録文では一字下げの表記）。

その一字下げ表記の部分では、まず陸徳明にふれている。陸徳明は唐の人で、引用は『経典釈文』からであるが（この書は『彰考館図書目録』にみえているから、当時史館に架蔵され、それに拠ったことが推察される）、問題は二十八字の最初の十二字が、姚方興が上呈した孔子伝本には含まれていなかったことに関してである。次は孔穎達の『尚書正義』からであるが、彼もまた唐の人である。東晋の初めに梅賾《ばいさく》が孔子伝を上呈した時、「舜典」を欠いていたのを建武四年に姚方興が大航頭で得たことを述べている。さらに姚方興の件にふれた劉知幾を引き、また朱熹をも引いている。朱熹は伏生が「舜典」と「堯典」を合わせたのであって二十八字は無かったとし、梅賾の時「孔伝舜典」は失われており、この二十八字があったかどうかは分からないが、方興に至って初めてこの字が知られるのであり、すでに失われていた「舜典」が得られたのは偽りであり過論ではないか、とする。続いて、王柏、金履祥、梅鷟、鄭暁、伊藤長胤、宋王文憲柏の説を挙げている。

幽谷の考察に移る前に、これらの諸説が今日どのような学史上の位置にあるかを確認しておこう。『尚書』の研究としては最も優れた業績である松本雅明博士の『春秋戦国における尚書の展開』（昭和四十一年）に「舜典の成立」という項目があるが、ここには陸徳明『経典釈文』からの引用がみえている。その引用には幽谷の引用と重なるところがあり、次の孔頴達『書経正義』や劉知幾『史通』からの引用でも同様である。したがって、学史上において幽谷の考察の根底部分が的確であることは認められてよいと思う。

二　幽谷の考察

いよいよ幽谷の考察に言及しよう。それは「一正按」と書き出した部分であるが、全体の分量からすれば末尾にかかる三分の一ほどに相当する。論点は姚方興である。その方興が「舜典」に二十八字を補ったとする。これは陸徳明や孔頴達が主張したが、なお考えるべきところがあるとして朱子を引用する。ここでは重複するが、以下要点を掲げる。

「曰若稽古」以下の二十八字は梅賾の時すでに失われていたが、姚方興に至りこれを得て、初めて二十八字が知られたのである。また、朱子は「堯典」の「帝曰欽哉」より下は「慎徽五典」に接しており、これは伏生が「舜典」を「堯典」に合わせたのだともいう。「玄徳」は書伝にみえず、悟りがたいので朱子はこれを疑問とはしなかったが、魯斎の王氏に至って大いに疑うようになった。しかし、仁山金氏は師説に従わず、却って『淮南子』を引いて証拠とした。それがどういう理由なのかはわからない、としたのである。幽谷の引用は冒頭の篇である「原道訓」にみえる、

昔、舜の歴山に耕すや、朞年《きねん》して田つくる者は、争ひて磽埆に処り、封壌肥饒を以て相譲る。河

浜に釣し、朞年して漁する者は、争ひて湍瀬《たんらい》に処り、曲隈深潭を以て相予《あた》ふ。此の時に当りて、口は言を設けず。手は指麾《しき》せず。玄徳を心に取りて化の馳すること神の若し。舜をして其の志無からしむれば、口に弁じて戸ごとに之を説くと雖も一人をも化する能はざらん。是の故に、道とせざるの道は、莽乎《もうこ》として大なるかな。

（新釈漢文大系『准南子』上の五一～五二頁が該当部分、若干の異同がみられる）

という箇所である。ここは『史記』の五帝本紀によったところであり、「嶢埆」は石の多いやせ地、「朞年」は一年、「湍瀬」は水が浅く流れの急なところ、「曲隈深潭」は河の曲がり角で流れがゆるく深いところ、「指麾」は指図、「玄徳」は奥深い徳、「莽乎」は広大なさまをいう。

この引用は舜の「玄徳」を考えるためのものである。幽谷は舜が「側陋」すなわち身分が賤しいということであるが、それにも拘わらず「玄徳」によって取り上げられたというのは姚方興が補ったところであるとした。『准南子』のいうところは『老子』と同じで舜のことではないとし、さらに近儒の「玄徳」説にもふれて伊藤東涯の説を「極めて是」と評価した。『老子』というのは「能為第十」の章に無為の治を説き「之を生じ之を畜ひ、生じて有せず、為して恃まず、長じて宰せず。是を玄徳と謂ふ」とみえ、「玄徳第五十六」の章を設けていることをふまえての議論である。そして「春秋伝」から、

或いは曰く、書には玄徳と言ひ、老子、亦、玄徳と言ふと。猶、孔子の無為を語り、老子、亦無

為を語るごときなり。自ら老子の旨と異なるは、混ずべからざるなり。
と引用して「舜の玄徳を指すの言は老・荘の玄徳に非ざるなり」と考察している。幽谷が「玄徳」について言及しているのは、二十八字の中にこの語が含まれているからである。その結論は次のようであった。按文の最末尾の部分となる。

然れども、陸氏釈文に云く、曰若稽古。帝舜曰、重華協于帝。此の十二字は姚方興の上る所の孔子伝本に無しと。方興本に或いは此の下に更に濬哲文明温恭。允塞。玄徳升聞。乃命以位有り。古凡そ二十八字は則ち所謂方興本なる者は亦参差一ならず。宜しく其の後儒の疑ひを滋すべし。古は舜典を以て堯典に合して、帝曰欽哉より、直ちに慎徽五典に接す。此の二十八字有りて以て其の間に隔絶するを得ざれば、則ち姚方興の妄は、亦、弁ずるを待たずして明かなり。

先の按文の結論をさらに敷衍したものとなるが、このような結論は今日どのように評価されるのであろうか。一例を挙げてみよう。

経典釈文によると、又別に「曰若稽古帝舜曰重華、協于帝」の十二字が多い本もあったとある。そのいずれにしても前後連絡のある堯典一篇、殊に堯が舜を諸難に試みる記事の中途にこれらの句を挿入して、以下を舜典としたのである。従って、十二字或は二十八字を除去すると、すっきりとした一篇となる。二女と婚姻をしただけで、直ちに帝位についたのではないから、二十八字がここにあるべき道理はない。この事は尚書研究家の一致した考えで異論はない。

これによれば、幽谷の考察は充分に今日の検証に堪えられるということができよう。

（新釈漢文大系『書経』上、三〇頁）

三　研究史の回顧

ここで「舜典」についてもう一度今日の考察を振り返ってみよう。参考とするのは松本博士の前掲書であるが、松本博士によれば代表的な学説は、

一　現存の『堯典』の中に、『舜典』の後半が含まれてゐるといふ説
二　現存『舜典』のうちに、原本『舜典』がすべて含まれるといふ説
三　『堯典』と『舜典』とを全く異なると見る説
四　『堯典』のほか『舜典』は存在しないといふ説

となる。次に、同書の中から幽谷の考察の理解の助けとなる主な記述を掲げてみる。まず一について、毛奇齢『舜典補亡』の主張である。

『尚書』は伏生今文において、すでに堯・舜の二典があつた。漢の司馬談が本紀を作つた時には、その文をとつて、紀の中に抄入したが、伝承のうちに『舜典』一篇を失つた。その時代は明かではない。しかし現存『舜典』を細検すると、『舜典』はなほその半ばを、『堯典』の末に保存してゐる。今文を編した者が、書序を失つて、誤つて『堯典』と連続させ、『堯典』あるのみで、『舜

典』はない、といふにいたつた。しかも古文では、じつに『舜典』の前截を失つたので、全部を亡くしたのではないのに、『舜典』の後截が、『堯典』の中にあることを暁らなかつた。蕭斉の建武年間（四九四—四九七）になつて、呉人の姚方興は、『舜典』の二十八字を大桁頭に得て、妄りにこれを「釐降二女」のあと、「慎徽五典」の前に入れ、『舜典』は亡びずとした。しかしそれは、「慎徽五典」以下、「放勲殂落」にいたるまで、なほ『堯典』の文であり、「月正元日」からあと、はじめて『舜典』となることを知らないのである。

（松本博士前掲書の二二三頁）

二については焦循の説である。

今文『堯典』のうち、「遏密八音」の前が『堯典』、「月正元日」の後が『舜典』であり、『舜典』はいまだかつて亡びない。またそれは完結してゐて、補ふ必要はない、とみる。『史記』では、舜が堯を摂する二十八年のことは、すべて堯に属してゐるので、『書』よりひく以外の説話は、『孟子』『左伝』の諸書を雑取したのにすぎぬ。『大学』に「克明峻徳」をひいて、『帝典』の句とするのは、堯舜を兼ねていつたので、一篇でいへば『帝典』、二篇であらはせば、『堯典』『舜典』となるのである。

（同二二四頁）

次に、四については現代の研究者である陳夢家の『尚書通論』からである。「姚本の最大の異点は、二十八字を加へたところにある」として、

『釈文』叙録には、姚方興がたてまつるところの『舜典』は、はじめに「曰若稽古」とあるとい

ふ。これは、姚本が二十八字多かつたけれども、『釈文』の見るところは、最初はただ十二字を採用するにすぎなかつた。故に陸氏は、方興本は或ひはこの下さらに十六字あり、といふのである。現存『舜典』は、王粛本の経文をとつて、改めて姚本とし、姚本にもともとあつた十六字を再び加へ、合せて二十八字としたのである。（同二三二頁）

と解説されている。

また、小林信明氏『古文尚書乃研究』の結論を掲げて補足されている。

唐代伝承の『舜典』は、一般に、梅賾も献書では亡佚してゐたのを、後に充足したものと信ぜられてゐる。その充足された『舜典』の性格については、『経典釈文』のやうに、王粛本を標榜するものと、『隋書』や『尚書正義』のやうに、姚方興本に採るもの（しかもそれは梅賾の亡佚したものと通ずるといふ）との、二つの立場がある。しかし充足された『舜典』そのものは、いづれも実質上は大差ないもので、『舜典』初の二十八字だけが姚方興本によつて補はれたものである。その文は王・范の注をとつて作られたものといはれる。（同二三三頁）

松本博士自らの結論は「戦国時代に『舜典』が存在したとは思はれない」とし、

しかもその伝来については、東晋の初めに梅賾が、『孔子伝尚書』をたてまつたとき、『舜典』を闕いたといふことは、陳夢家氏のいふやうに、経文ではなく、その孔伝を失つたのである。そこで王粛の注をとつて伝を補つたが、王粛注はほとんど馬融・鄭玄の注にひとしいものであつた。そののち斉の明帝の建武中（四九四―四九八）に姚方興本が現れた。それは、『舜典』のはじめに、二十八字を増益したものであつたが、経文は王肅本をもとにしたもので、いくらか文字をかへてゐる。はじめ十二字本があらはれたが、のちに十六字を加へて、二十八字としたものがあらはれた。ほかに、梅本を変へて「古文集注」とした范寧本が存在した。現存本は姚本にもとづくものである。

（同二二三～二二四頁）

とされるのである。元来「舜典」の伝注には王肅本（王肅が注した堯典）・姚方興本（陸徳明が馬・王の注を採用したもの）・范寧本（『経典釈文』叙録・『隋書経籍志』・『玉函山房輯本』序にみえるもの）の三種が存在したところからの言及である。

このような状況をみると、今日の『尚書』研究史上からも幽谷の考察が優れていることが理解されよう。しかも、それは十代後半の業績だったのであり、「神童」としての幽谷の学問の展開として位置づけることが十分に納得されよう。

四　「読書雑記」との関係

最後に「舜典二十八字考」の直接的前提を考えてみよう。それはすでにふれた「読書雑記」であるが、この記録は二十七条（数え方によっては二十八条）からなる、『尚書』研究のための抜き書きといってよいものである。その成立は必ずしも明らかではないが、恐らくは荒川教授（前掲書）が推定されたように十七歳と考えてよいであろう。それは論文を作成してから基本史料の抜き書きを作ることは不可解だからである。したがって、「読書雑記」は必ずしも限定する必要はないけれども「舜典二十八字考」のための予備勉強の一つと考えることには差し支えがないであろう。また、『幽谷全集』に収録の寛政二年作の「安民論」に堯舜への言及がみられることや「幽谷詩纂」中の七言律詩「尚書を読む」なども念頭においてよいであろう。それでは数条を具体的に検討してみよう。

班固曰く、孔子、古今の篇籍を究む。廼ち称して曰く、大なるかな。堯の君為るや、唯、天を大と為し、唯、堯之に則る。魏魏乎として其の成功有り。煥乎として其れ文章有りと。是に於いて叙書は則ち堯典と断ず。(漢書儒林伝)其れ、孔安国の説に勝ること遠し。

これは三条目であるが、班固への注目は按文に「東都賦」を引いていることからも明らかとなるが、「廼ち称して曰く」以下は『論語』の泰伯篇にみえている。次の四条目でも「帝典の二帝を賛すること至れり尽くせり」とし、この孔子の言を引き、さらに『易』『中庸』『荀子』に及び、末尾に「其れ然らざるか。史官は虞と為し、典を作る。推して堯に及び、舜の功を堯に係る。名づけて堯典と曰ふ。嗚呼、其れ深なるか」と述べている。

古は二典を合はせて一と為す。故に之を帝典と謂ふ。若し分けて之を二とすれば、是れ二帝典有るなり。大学に堯の事を引くは単に帝典と曰ふに当たらず。

これは十条目であるが、ほとんど結論といえよう。「舜典二十八字考」には直接の引用がみえないが『大学』をも参照したことが確認できる。なお『大学』というのは第二章の「帝典に曰く、克く峻徳を明かにすと。皆自ら明かにするなり」の部分を指すのであろう。

太史公は伏生を去ること未だ遠からず。而して漢書に称へらく、司馬遷は亦安国に従ひて問へば、則ち其れ古・今文の源流に於いて悉せざるを容れず。其れ儒林伝を作ると云ふ。孔氏に古文尚書有り。而して安国は今文を以て之を読む。因て以て其の家の逸書を起こし十余篇を得る。蓋し、尚書は滋《ますます》是に多し。是れ則ち孔氏の真古文にして、亦、今文に因り以て書と成すのみ。況んや今の古文は古の古文に非ざるなり。其れ、梅賾に出る者、豈に伏生の書と其の優劣を較べんや。

これは十二条目であるが、伏生や梅賾にふれた前条を受けて『尚書』の今古を論じた箇所である。

さらに、もう一条を挙げよう。十六条目である。

陟方乃死、家語に云く、方岳に陟り、蒼梧の野に死して焉に葬れりと。此れ陟方を以て、巡守して方岳に陟るの事と為す。其の義は甚だ明かなり。但し、蒼梧の葬は未だ必すべからざるのみ。魯語の展禽曰く、舜は民事を勤めて野に死すと。蓋し、舜は耄期にして勤めに倦むも、尚猶、民事に勉め、行きて巡守の死を謂ふのみ。韋昭、舜は有苗を征し、蒼梧の野に死すと謂ふ如きは、決して此の理無し。此れ、蓋し、尚書の上文に三苗を分北するの文有るに因りて附会するなり。殊に知らず。三苗を分北するは舜の親征を煩はすこと無し。（以下略）

この一条は幽谷の考察である。「舜典二十八字考」には直接に関連しないが、『尚書』研究の一端が

表明されている。「陟方乃死」は「堯典」の最末尾にみえる一節で、関連箇所を掲げると、

舜生まれて三十、徽用せられて三十、位に在る五十歳、方に陟りて乃ち死す。

である。「家語に云く」は『孔子家語』の「五帝徳第二十三」にみえるが、宰我の問いに孔子が答えた箇所である。孔子の答えの後半を示せば、

天平に、地成れり。四海を巡狩すること、五載に一たび始めたり。三十年位に在りき。帝に嗣ぎてより五十載にして方岳に陟り、蒼梧の野に死して而して葬れり。

となる。「魯語の展禽曰く」は『国語』の「魯語」にみえているが、展禽は魯の人で賢人として知られる柳下恵のことである。この語は、舜が民のために三苗を征討して蒼梧の野に死んだというのである。三苗は蛮族の名であり、蒼梧は地名である。舜の最期を叙述した部分の考察といってよいであろう。

以上のように「読書雑記」を検討してみると、この記録が『尚書』研究のためのいわば研究ノートといえるものであることが明らかとなろう。かくして幽谷の史的学力は大いに伸長し、根源の把握は翌年の「正名論」に表明され、数年後には義公修史の神髄に逼る著述すなわち『修史始末』となって結実することになるのである。

第三章　藤田幽谷の学問志向——十四歳の論文の考察——

はじめに

藤田幽谷が「神童」の名を世に知らしめたのは十三歳でものした老大家長久保赤水の七十の賀を寿いだ一文を契機とするが、以後矢継ぎ早に論文を書き、そこには学問の向上深化する状況が如実に表れている。これまでに筆者は幽谷について「神童」の誕生、そしてその展開として若干の考察を加えたが、それは十五歳以後のことであった。本章では、それ以前、すなわち十四歳における論文（天明七年の作、推定も含む）から彼の学問への志向状況を考えてみることにしたいと思う。

十四歳の論文にふれる前に、それまでの学問志向にふれておく。「先考次郎左衛門藤田君行状」によれば十歳頃近所に住む小川勘介という人物に句読を習い、ついで医者であった青木侃斎から四書五経を学んだという。十一歳の時、侃斎の勧めによって立原翠軒に入門し、本格的な勉学へと進んだ（「幽谷遺談」では若干の相違がある）。翠軒はまだ総裁にはなっていなかったが（総裁就任は幽谷入門二年後に当たる天明六年のこと）、水戸藩を代表する学者であった。十二歳の時、下野の蒲生君平（当時十八歳）

と逢う機会があり、大きな感化を受けたようである。翌年、赤水を寿ぐ一文を成すが、これによって赤水は幽谷の才を認め、さらにその「神童」ぶりを内外に吹聴することになるのである。

一　幽谷十四歳の論文とその概要

この年の論文を主として『幽谷全集』（以下、全集という）によりながら、執筆順に掲げると次の通りとなるが、③と⑦は日付が不明であるから厳密ではない。また⑧と⑨は不詳であり、⑩は後述の通りである。

①高野子隠に与ふ（三月五日）
②斎藤伯通君執事に呈す（九月十九日）
③逸題（九月）
④綿引徳卿先生に与ふ（十月十八日）
⑤外岡子慎に報ず（十月十八日）
⑥釈西天に復す（十月二十四日）
⑦野口印譜序（十月）
⑧天王弁
⑨荘子を読む

⑩擬対策（二論あり）

また、「天王弁」の直前に収める「列国史書通名春秋論」も内容が名称論であり「天王弁」と類似するから、この年の作としてよいかもしれない。

以下、これらの論文の概要を検討しよう。①には金砂の祭儀時に太田を訪い、子隠（陸沈・昌碩）宅に泊まったことが記されている。幽谷にとっては、これが太田訪問の最初であった。上巳の佳節に遊覧できたが西山の勝地を訪うことはできなかった。西山の美芳を探り先公（義公）の逸遊を慕っているので西山の気清を聘したい。桜や桃の花は悉く散っており残念であったが、いつか子隠の案内を得て再度訪れたい、と述べている。当時、子隠は二十八歳であった。

②は序一首の恵与に対する謝礼の文であるが、翠軒入門以後怠惰であり「神童」を以てするのは汗顔の至りであると述べている。注目すべき文章であり、後に考察を加える。

③は孔子に学んだことを述べた一文である。

④と⑤は同日付の文である。前者は徳卿先生への見舞いの文であり、家君に孝養を尽くした先生の風聞を鈴木翁宅で聞き、詩を賦した。鈴木翁の再訪時には見舞いに伺いたいとの思いを述べている。後者は子慎が幽谷を孝行息子と称えたことに対してそうではないと反論した文である。子慎は農であるが、英才碩学は農桑に起こる者が少なくない。自分は商であって、ただ読書を好み、徳卿氏の紹介によって此君堂に出入したのである（先に述べたところと異なるが入門の経緯は判然としない）。孔子を引

いて、逆に子慎を称え知己としている。⑤についてはさらに後述する。

⑥は西天の来書に対する謝意と筆削を請うたものである。西天については「木村子虚に答ふ」(寛政元年十六歳の作)の末尾に翠軒先生が子虚は西天に等しい才子であるとしたことがみえている。

⑦は全集未収録の文章であり、秋山高志氏が紹介されたものである(『在郷之文人達』による)。「野口印譜」というのは野口北水の『江遊印譜』のことで、都合九本の序跋が付されているが、その序の一つで立原総裁の勧めによって記したものである(第六章参照)。

⑧は天王号の考察であり、「天に二日無く、土に二王無し」や「普天の下、王土にあらざるは無く、率土の浜、王臣にあらざる無し」の引用は幽谷の思想形成上注目される。後に考察を加える。

⑨では「無為の道」を世を僻するの術とし、読書の法にふれているが必ずしも荘子を否定したわけではないが、後年になってからは老荘を批判している。後に考察を加える。

⑩は立原総裁からの試問に答えたものであるが、史館入館前であるから特別に許されたのであろう。ここでも『春秋』を論じて読書に言及している。

二 「斎藤伯通君執事に呈す」

十四歳の幽谷の学問を考えるのに、まず取り上げねばならないのは②である。それは次のような一文である。

日者《さきごろ》、辱くも序一首を恵せらる。文采鴻麗、慰喩《いゆ》綢繆《ちゆうびゆう》、剣を負い唲を辟て、之に命ずると雖も、亦、之に過ぎざるなり。詩に云く、面《むか》ひて之に命ずるのみに非ず。言に其の耳を提《あ》ぐと。豈に此、之の謂ひか。一正は斗筲《としよう》の人、焉んぞ君子の業を知らんや。惟、父兄の恵を頼み、纔に書を読むを得ん。此君堂の門に出入し、二三子の後に従事し、終日怠惰、厭倦して半を過ぐ。号を賜ふに神童を以てするに及ぶ。赧然《たんぜん》として面に汗す。孟子に曰く、虞らざるの誉れ有りと。実に一正の謂ひか。名は実の賓なり。今、其の賓を求めて其の主を失ふ。悪んぞ可ならん。若し夫れ、文人の論のごときは則ち豈に一正の知る所ならんや。然れども其の言は諄諄然として愚矇を発明す。敢へて昌言を拝せず。一正、不敏と雖も請て拳拳服膺す。而して之を失はず。冀はくは復た固陋を愍《あわれ》み、時に徳音を恵せよ。九月十九日。藤田一正、頓首再拝。

全文はわずかに百九十六字にすぎないが、この一文以前で作年月が明らかなものは①（三月五日）のみであるから、幽谷の学問状況が年代的に伸長する様子を窺う貴重な文章といえる。文面は斎藤伯通への返礼であるが、全集には後年の「斎藤伯通君に答ふ」という一文も収められている。その中に「昔歳秋、作序賜不佞」とみえるが、この序は「序一首」を指すと考えられるので、賜ったのは天明七年九月十九日以前の秋となろう。

次に出典をみよう。「詩に云く」以下は『詩経』の「大雅」蕩之什「抑」篇にみえ、「面と向かって教えるだけではなく、耳を引っ張ってでも教え諭そう」（新釈漢文大系による）の意、「孟子に曰く」以下は『孟子』離婁章句上篇にみえ、全く思いもかけなかった誉れの意であり、この章の直前に「一正」の典拠となる「一たび君を正しくして而して国定まる」の一節がみえている。

その他にも明らかに出典が確認できるところがみられるので、次にこれを解説しよう。「斗筲の人」は『論語』の「子路篇」にみえ、度量が狭く何のとりえのない人の意、「昌言」は『書経（尚書）』の「皐陶謨」により、立派で公明正大なことばの意、「赧然」は『孟子』の滕文公章句下篇にみえ、恥ずかしく顔を赤くするの意、「名は実の賓なり」は『荘子』の「逍遙遊」にみえ、全くの同文である。名称と実体のことをいう。「諄諄然」は『孟子』の万章章句上篇（「諄諄」は『詩経』の大雅にも）にみえ、ていねいに教え語る、冒頭の「文采鴻麗」は文章が立派なこと、「慰喩綢繆」は奥深い慰諭、の意である。また、具体的に書名を挙げない表現にも古典をふまえたものがみられることに留意しよう。

此君堂すなわち立原翠軒の門に出入してたちまち頭角を現した幽谷は「神童」を以て賞せられたが、それは思いがけないものであった。「神童」とは誰の評価か具体的には分からないが、斎藤伯通の序にも記されていたのであろう。前年の「赤水先生七十寿序」がきっかけとなり、此君堂門下の「神童」として評判が立ったのである。斎藤伯通は名を貞常といった人であり野口北水の「江遊印譜」に序を寄せているが、幽谷もこの年十月付で序を記していたことは既にふれた。

なお、「小宮山君に与ふ」や「高橋子大に与ふ」にもみえるように「執事」と記しているのは伯通が年長だからであろう。

三　「外岡子慎に報ず」

次は⑤であるが、煩をいとわず全文を掲げる。

子慎足下、曩者《さきに》書を恵せらる。意気懃懇にして教へは親に事ふる事の本を以てするなり。若し其の、余を以て父母に孝たる者と為せば、則ち敢へて当たる所に非ざるなり。而して足下、亦、之を知る。孔子曰く、朋友には切切偲偲《しし》すと。曾子曰く、文を以て友を会し、友を以て仁を輔くと。聖賢の言、其れ誰か然らずと曰ふ。今、足下親に事ふるを以て余に教ふれば、則ち敢へて教へを拝せず。若し其の余を以て父母に孝たる者と為せば則ち恐れ、法語の言に非ざるなり。抑も、所謂巽与《そんよ》の言か。書辞宜しく報ずべし。然れども、親に事ふるの言は未だ行ふ能はず。而して能く之を言はんと欲すれば、則ち其の外を飾りて内を忘るるを恐れるなり。姑く置かんと欲すれば、則ち其の浮華を先にして行実に後るるを恐れるなり。茫茫然として言ふ所を知らず。以て此の緩慢を致すのみ。幸いに過を為すこと勿し。然りと雖も、闕然として久しく報ぜざるは、其れ、礼に非ざるを恐れるなり。吾聞く、君子は己を知らざるを詘して己を知る者を信ずと。故に曰く、誰の為にか之を為し、孰れか之を聴かしむと。余、忘年の交を足下に受くるや久し。請ふ、孟浪の言、固陋を略陳せんことを。今、足下は農なり。其れ農を知るか。耕して之を鹵莽《ろもう》すれば、則ち其の実亦鹵莽して報ず。芸して之を滅裂すれば、則ち其の実亦滅裂して報ず。来年斉に変じ、其の耕を深くして之を熟耰《ゆう》す。其の禾は繁り以て滋し。終年飧《そん》を厭ふ。夫れ、学は亦、是の若きなり。博く之を学び、審に之を問ひ、慎んで之を思ひ、明らかに之を弁じ、篤く之を行ふ。孔子曰く、行ふて余力有れば、則ち以て文を学ぶと。以て見るべきなり。善きかな、足下の言に曰く、田間に越在し晩に始めて書を読む。手の之を舞ひ、足の之を踏むを知らざるなり。若し夫れ、耒《らい》耜《し》・枷・芟、槍刈・耨鎛《どうはく》、首に茅蒲を戴き、身に襏襫《はつせき》を衣す。旦莫、田野に従事し、寧居に遑あらず。腓に胈無く、脛に毛無し。以て憂ひと為さず。犂牛の子、騂《せい》且つ角、用ふる勿らんことを欲すと雖も、山川、其れ諸を舎つ。夜光の珠、必ずしも孟津の河を出でず。盈握の璧、必ずしも崑崙の山を采らず。下学して上達す。揚雄・高鳳の如きの英才碩儒は、農桑に起こる者古今に少なしと為さず。余、故衣を売るの家に産まれ、其の、君子の林を窺ふべからざるや遠し。幼にして読書を好み、鹵莽滅裂して、管を以て天を窺ひ、針を以て地を刺す。独り徳卿氏の紹介を頼り、此君堂の門に出入し、二三子の後に従事す。其の鹵莽滅裂するは尚猶故の如し。蓋し、賈豎《こじゅ》の俗、喋喋多言して、利欲是れ趨り、驪虞是崇ぶ。其の日出でて作り、日入りて息み、田を耕して食し、井を鑿りて飲み、信じて古を好み、皓皓の風有るに及ばざること、亦遠し。故に賈衒の戯は、孟母、之を羞とす。且つ夫れ商賈は賤業なり。故衣を売る若きは則ち賤の、又賤しきもののみ。而して、足下、与に議すべき者と為せば、則ち其の己を知る者は足下に若くは莫し。是、余の足下に恋恋する所以なり。蓋し、折中する所は孔氏の、指靡する所は師にして、討論する所の者は友

> に非ずして何ぞ。然れば則ち切磋琢磨して奈何にして之を棄てん。詩に云く、嚶《おう》として其れ鳴くは其の友を求むるの声ありと。所謂、文を以て友と会するなり。若し其れ、余を以て父母に孝と為せば、則ち敢へて当たる所に非ざるなり。足下、之を察せよ。

いうまでもなく子慎への返書である。要約の一端はすでに述べたが、やはり『論語』をはじめ古典からの引用が多いので、若干を解説しておこう。「孔子曰く」は順に「子路篇」と「学而篇」、「曾子曰く」は「顔淵篇」、末尾の「詩に云く」は『詩経』の「小雅・伐木」によるが、鳥が友を求めて鳴くことの意で、その他にも古典をふまえた表現が多々みられる。確認できたものでは、「巽与の言」は「子罕篇」や『孟子』梁恵王章句下篇により、遠慮して人々と調子を合わせる、婉曲に過失を言うの意、「孟浪の言」は『荘子』の「斉物篇」により、とりとめのないことば、「鹵莽（滅裂）」も『荘子』の「則陽篇」により、あらっぽく不注意で粗略の意となる。「揚雄・高鳳」は人名で、前者は漢の学者、後者は未詳である。「孟母」はいわゆる孟母三遷の逸話からの借用である。中程にみえる「耒耜」から「襏襫」にいたる語句は農業に関連する用語、また後半にみえる「賈豎」「賈衒」「商賈」は商人や商売を意味する言葉で、農人である子慎を称え、「故衣を売る」商人の出である自らを卑しみ、足下すなわち子慎を羨んでいるようである。しかし同時に、十四歳の幽谷は孔子に折中する学問を志し、子慎に対しては同学の士たることを欲してもいるといえよう。

この文章には子慎に対する思いとともに自らの状況を語っていることにも注目しなければならない

であろう。それは「独り徳卿氏の紹介を頼り、此君堂の門に出入」とみえるからであるが、この「徳卿氏」は総裁の綿引徳卿を指す。徳卿の紹介によって立原翠軒に入門したというわけである。入門は十歳の時であるから、これ以前に徳卿の知遇を得ていたとしてよいであろう。そうすると、徳卿から教えを受けるようになった事情はどのようなものだったのか。幽谷が徳卿に呈した書簡や文章が知られているから、その後も教えを受けたことは明らかである。「幽谷遺談」には徳卿のことがみえていないが、あるいは鈴木玄栄や小川勘介のつてに拠ったとすべきなのであろうか。子息東湖の行状によれば青木侃斎に学んだという。いずれにしても、自らの記録であるから徳卿に何らかの教えを受けたことを疑うことはできない。

四 「天王弁」

続いて⑧を検討しよう。全文は次の通りである。

> 春秋に周王を称して天王と曰ふ。其の義至れるかな。天に二日無く土に二王無しと言ふ。詩に云く、普天の下、王土に非ざるは無く、率土の浜、王臣に非ざるは無しと。豈に此の謂ひか。京山郝敬以為らく、王の天を称するは春秋の新義なりと。此の説は未だ深く考へざるのみ。国語に載す。越の勾践、呉の夫差を尊んで天王と曰ふと。天王の号は周に行はるるや以て見るべきなり。若し之を以て左氏の修辞と為せば、則ち呉子固より王を僭す。而して勾践又尊号を進る。之、天

王の謂ひに非ずして何ぞや。昔者、舜、堯に問ひて曰く、天王の、心を用いること如何と。此れ荘生の寓言と雖も、天王の号は周に行はるるなり。亦、以て知るべきなり。代王の立つるは漢帝為るなり。卜人曰く、所謂、天王は乃ち天子なりと。天王の称、親切著明なること此の如し。而るに郝敬以て春秋の新義と為す。犖犖として然らざるの、大なる者なり。且つ、夫れ孔子の春秋を成すは先王の志に随ふのみ。何ぞ王者の名号を変易することの有らん。

この文章もわずか二百三十字にすぎないが、『春秋』を論じた最も早いものの一つである（他にも春秋論あり）。論じたのは「天王」の用例であるが、そこには漢土の古典の深奥に入り込もうとする意気込みが窺える。以下、引用の古典を解説しよう。

中程に「左氏」とみえるので「春秋」というのは『春秋左氏伝』であろう。冒頭の「周王を称して天王と曰ふ」は、例えば左氏伝の隠公冒頭の経文に「秋、七月、天王」とみえるので確認できる。「天に二日無く土に二王無し」は『礼記』の「曾子問」や『孟子』の万章章句上篇にみえ、後年の「正名論」にも引用されている。「詩に云く」は『詩経』の「小雅」にみえるが、それはまた『孟子』の同篇にも引かれ、『大日本史』列伝の北条泰時伝は「明恵伝」からであるが、その一部を引用している。この引用は、幽谷の尊王思想の形成上注目すべきものであろう。京山郝敬は明末の学者で楚望と号した人である。「国語に載す」というのは『国語』の「呉語」に掲載されていることを意味する。「荘生の寓言」は「昔、舜、堯に問ひて曰く」を指すが、『荘子』の「天道篇」にみえている一節である。「卜人」は周官の名で卜師の行事を助けるものをいう。

幽谷の主張は、「天王」の用例を郝敬が「春秋の新義」すなわち『春秋』が新たに作り出した言葉であるというのに対して、それは「先王の志」に拠ったのであり、「変易」すなわち新たに創出したのではないとするにあって、その証拠は『春秋』そのものにみられ、「天王」の号はすでに周代に行われている、としたのである。

「則ち呉子固より王を僭す」に関しては「正名論」に「而して孔子、春秋を作りて以て名分を道ひ、王として天と称し、以て二尊なきを示す。呉楚、王を僭するも、貶して子と称し、王人、微なりと雖も必ず諸侯の上に序す」とみえるので、『春秋』の勉強は後年の学問の基礎になっていることが知られる。「王として天と称し」が「天王」のことである。従って、この一文は幽谷における『春秋』論の端緒といえるが、遺憾ながら作月日は不明である。しかし、作文の意図は異なるが、短文ながらも②と合わせて古典への深い関心を窺う貴重な文章といってよいであろう。

五　「荘子を読む」

次に⑨によって老荘観を窺ってみよう。

余、荘子を読む。而る後戦国禍乱の惨を知るなり。語に云ふ、世を辟くと。又云ふ、危邦には則ち居らずと。荘周その人なり。老聃之に先んず。蓋し戦国の人主は名を好み、利に趨る。その名を好む者は義を堯舜に託し、その利に趨る者は口を湯武に藉る。荘子曰く、聖人死せざれば大盗は止まず。小盗は拘はり、大盗は諸侯と為り、諸侯の門にして仁義存すと。故に書を読む者は時を知らざるべからず。世に謂ふ、荘周は無為の道を明らかにすと。豈にそれ然らんや。徒に以て無為の道と為せば、則ち諄諄三十篇、何を乃ちしかいふ。是に由て之を観れば、いはゆる世を辟くの術は非ならんか。然りと雖も悠謬の論、荒唐の言、識者は憾む。孟子曰く、詩を説く者は文を以て辞を害せず。辞を以て志を害せず。意を以て志に逆ふと。是、之を得ると為す。啻に詩を説かず。凡そ読書の法は此を善とする莫れ。余、故に焉を取る。若し夫れ文辞の巧拙は則ち論ずるに遑あらずと云ふ。

「語」は『論語』で、ここは泰伯篇と微子篇からの引用である。荘子（老子も含めてよい）の「無為の道」に対して疑問を呈し、「世を辟くの術」を非難していることが看取される。荘周の周は名、老聃の聃《たん》は字（または諡）であるが、「荘子曰く」は「胠篋篇」からの要約であり（「盗跖篇」にも類似の記述がみえる）、韓愈の「原道」（『文章規範』収録）という文章にもみえている。文章の善し悪しはともかく、読書すべきものとして取るべきところがあるというのであろう。これがわずかに十四歳の少年の論であるから驚嘆せざるをえないが、この老荘論が以後長く維持されたわけではない。

それは翌年の「小宮山君に与ふ」に「日、都築盈・石川思甫、老子を読むの文を見る。その文辞を顧るに美とせざるに非ず。而してそれ老子を視ること聖人の如し。是、他無きなり。信を六芸に考え孔氏に折中せざるなり。」とみえているからである。それは聖人の道は孔子に備わり、老荘は聖人ではありえないという判断が根底に存することを意味する。あいにくとこの文の執筆年が不明であるが、前後の文が十五歳の作という全集における収録状況から見て十五歳の作と考えてよいであろう（第四章参照）。しかも「信を六芸に考え孔氏に折中す」の一節は「志学論」（十五歳の作）にもみえているからである。また「斎藤伯通君に答ふ」にも「釈・老の徒」の説が肖なることにふれている。そうすると、翌年には老子を批判していたと考えてよいであろうか。なお、⑧に「荘生の寓言」とみえ、「原子簡の問に対ふ」には老子にもふれている。

後年のことであるが、高弟である会沢正志斎は「及門遺範」に老荘に対する幽谷の逸話を紹介している。老荘を悪むのは無為を提唱し、古人の跡をふまず、聖人を譏るからである。戯れではあるが、老子の書を説く際に老子の像を造り、その頭を撃ちながら説くことを欲したとし、その解説は前人の発せざるところであるとも述べている。

このような老荘観をみると、漢土の古典を渉猟しながらも、学問の深化によって老荘を取捨しつつあった状況が理解されるであろう。

六　「擬対策」

⑩は策問（策試、採用試験のこと。天子が出問して官吏を採用する。ここでは先生からの試問のこと）に対す

る幽谷の答案である。二論が伝えられているが、その前書きによれば立原総裁が館員に提出を求めた際に門下に連なっていた幽谷にも提出を命じたものである。まだ館員でない十四歳の幽谷に対する総裁の配慮が窺えて興味深いが、前書きにも「狂簡の士」「仰高鑽堅」など『論語』からの引用がみえている。答案の一通目を掲げてみよう。

孔子、春秋を成して乱臣賊子懼る。此の言、孟軻氏に始まる。孟軻の時に当り、楊・墨行はる。孟軻、之を距《ふせ》ぐ。乃ち先聖を叙し、その功を称すれば則ち曰く、孔子、春秋を成して乱臣賊子懼ると。此れ孟軻、以て楊・墨を拒んで孔子を承けんと欲す。故に此の言有るのみ。游・夏は一辞も賛する能はず。是、其の、春秋を為す所以なり。後の、伝を作るは悪ぞ能く善を尽くさん。然るに、叙事の浩博は左伝を最と為す。聖人は人と同じうするのみ。春秋は事を書す。而してその意を推すべし。固より褒貶の例に待たず。豈に古今の異同有らんか。然れども、春秋、言は簡にして文は約す。乱臣賊子、何ぞ以て之を知るに足らんや。春秋由りして下は六国に至る。乱臣賊子は未だ必ずしも懼れざるなり。懼るる者は之に永世を期すの謂ひなり。若し、之、孔子春秋を成して、乱臣賊子、既に已に之を懼ると謂はば、則ち何ぞ戦国の禍乱の有らん。漢由りてして来り、春秋の教へは行はる。時に治乱有りて、人に賢愚有りと雖も、挙げて世々、皆、善の善為る、不善の不善為るを知るなり。故に懼るる者は之に永世を期すの謂ひなり。夫れ、周室は東遷して王の迹熄み而して詩亡ぶ。春秋、亦、旧章を乖れ、孔子、之を筆削す。以て周公の制に遵ふ。春秋は天子の事なり。故に、其の言簡にして文を約すは繋辞の如し。論語、亦、孔氏に出づ。然るに孔門授受の言と為せば、則ち語詳かに意を尽くす。文の異同は、蓋し此の如きか。謹んで対ふ。

一見して明らかなように幽谷は『春秋』を孔子の作と考えていたが、その教えが『論語』につながることを述べている。それは『孟子』に拠るところの孔子論の展開でもあった。文中の楊・墨は楊子（楊朱）と墨子のことで両者の思想は相対立していた。游・夏は孔子の弟子、六国は東方六国（斉・楚・燕・韓・魏・趙）のことで戦国時代に興亡した国々である。「繋辞」は『易経』の一で孔子の作といわれる。孟軻（孟子の表記でないことにも注目）による『春秋』の位置づけを引きながら（冒頭の句や「春秋は天子の事なり」は『孟子』滕文公章句下篇、「夫れ、周室は東遷して王の迹熄み而して詩亡ぶ」は離婁章句下篇にみえる）、孔子の筆削に及んで『春秋』を論じたことに入館が間もないことを暗示させるものがあろう。

続いて二通目である。

某聞く。学問の道は聖人に折衷すと。古の師に従ひ、今の書を読むは此れ一時なり。彼れの一時なり。聖人、天下を治むるは、惟、教へを先と為す。故に天子より以て庶人に至る、師有らざるはなし。古は師に事ふることなほ君父のごとし。而してその道、孔子に至り大いに備はること至れり尽くせり。以て加ふべからず。夫れ、孔子の時、周室は東遷し、運は叔季に方る。先王の道未だ地に墜ちずして、布は方策に在りと雖も、然るに礼楽は廃れ、詩書は軼す。当時、賢と不賢の知る所はその大小同じからず。均しく是、先王の道なり。孔子、就いて之を問ふに常に師無し。

祖述の憲章は集めて大成し、人に誨へて倦まず。循循として善く誘ひ、七十子、之に従ふ。なほ水の下に就き、獣の壙きに走るごときなり。古の師に従ふ。職は此れの由なり。夫れ、孔子既に没し、游・夏、亦亡ぶ。則ち書を読み、詩を誦す。深を鉤し遠を致す。それ庶幾からんか。今の書を読む、亦職は此れの由なり。且つ夫れ書を読み学と為す。今、斯、今にあらず。振古、茲の如し。伊訓に曰く、聖謨は洋洋として、嘉言は孔だ彰なりと。説命に曰く、古訓に学ぶは乃ち獲る有りと。孔氏の門、聖人に親炙する者書を読まざるはなし。是に由て之を観る。古の師に従ひ、今の書を読むは、皆聖人に折衷する所以なり。故に曰く、此れ一時なり、彼れ一時なりと。蓋し、在昔の時、道は人に存す。故に後進は必ず先進に従ひて学ぶ。墳・典・丘・索、其の書多しと雖も、其の誦読する所は詩・書を最と為す。而して業を受け益を請ふは、唯、師、之従ふ。当今の時、六経・論語・孝経、各其の用有り。道の大経は具はれり。故に師、之を授け、弟子、之を受く。唯、書の読むは皆聖人に折衷する所以なり。則ち間然すること無し。仮使、在昔の時、唯、書の読み、夫子を師るは、なほ今の師を師るがごときなり。今の時に当たり、唯、師の従ひ、聖経を読むはなほ古の書を読むごとし。則ち惑はずと謂ふべし。故に師に従ひ書を読むは古今の異同有り。時に之を然らしむるなり。然りと雖も、その徳を成すに至れば、則ち一なり。亦、豈に古今の異同有らんか。謹んで対ふ。

二通目には年代の記載がみえないが、続いて収録される「逸題」が十四歳の執筆であるから同年のものであろう。そうすれば⑩の執筆は③よりも先立つということになろう。ここには読書についての見解が披瀝されており、古今の読書には異同があるが、徳を成すための読書であり異同はないという。やはり孔子の学問に学ぶことに言及している。一通目を本論とすれば二通目は補論ということができよう。文中の「伊訓」と「説命」は『書経』の篇名、「墳・典・丘・索」は「三墳五典」「八索九丘」のことで古典、「叔季」は叔世と季世で道徳が衰えた末世、「振古」は大昔の意であるが、その他にも古典をふまえており、十四歳の幽谷の古典渉猟が窺える文章となっている。

続いて収める「逸題」という一文では二通目をさらに補説した内容となっている。務めて師に従うのと勤めて書を読むのとは揆を一にするものであり、また古の師に従うのと今の書を読むのも同様であるとする。儒者は孔子を祖とする者であり、孔子に業を受け、疑いを弁じ、惑いを解くのだという。今は師に乏しいから孔子の遺書を学ぶのだというのである。従って、この文は「謹んで対ふ」と結ぶものではないけれども前の二論に続く内容といってよい。このような幽谷の学問を一言に要約すれば、聖人に折中することであり、それは孔子の遺書に折中することと同一であったというべきなのである。

おわりに

以上、幽谷十四歳の五論文の検討を通じて次のようなことがいえるのではなかろうか。

一、漢土の古典ともいうべき書物、儒書が多いが、『論語』『詩経』『孟子』『書経』『春秋左氏伝』『荘子』『礼記』『国語』の引用が確認できる。とりわけ②⑧⑨は二百字前後の短文ではあるが、古典を引用しながら自らの思索の足跡を綴ったものといえる。

二、直接的引用の他にも『六経』『孝経』の書名が確認できる。

三、引用は、とりわけ『論語』が多く、これは後年にも継続される。

四、⑤と⑩には「折中」の用語がみえるが、この語は「孔子世家」の末尾からの借用であると思われ、その他孔子に関する記述は「孔子世家」に拠っているのであろう。

五、『春秋』を孔子の作と考えるのは、「孔子世家」や『孟子』(滕文公章句下篇)に拠るものと思われる。

六、具体的に言及した五論文は友に与えたもの(②⑤)、課題に答えたもの(⑩、二論あり)、自らの勉強の成果をまとめたもの(⑧⑨)と分類できようが、他の五論も同様に三分類できるであろう。

いずれにしても、これらの論文から入門期における幽谷の学問を知ることができるが、漢土の古典渉猟はその学問の基礎として位置づけることができよう。しかも、それは単に基礎としてのみでなく、いわば自家薬籠中のものと化することによって、さらには師友との切磋を通じての急速な向上過程ということができよう。そして翌年、十五歳にして史館に採用されると一層の深化をみせ、多くの文章とともに序や史論を作成するまでに高まっていくのであるが、それは義公光圀以来の学風の中に身を置いていることの強い自覚の発露として捉えることができよう。

第四章　藤田幽谷十五歳論文年代順序考

『幽谷全集』に収める文章には作年代の記されていないものがみられるが、ここでは十五歳の作を考えてみることにしたい。いわば十五歳の作と考えられる文章の年代月日についての試考である。十五歳は天明八年に当たるが、彰考館に採用された年である。この年の文章の作順を以下のように考えてみた。

①安芸の頼春水を送るの序（二月二十八日）
②備中古河翁の巡検使に従ひ奥・羽二州に適くを送るの序（春）
③赤水先生に与ふ（月日不明＊）
④四家雋を読む（三月）
⑤志学論（四月）
⑥伯時先生に呈す（五月）
⑦斎藤伯通君に答ふ（月日不明＊）
⑧原・小宮山二子に与ふ（八月二十一日）

⑨原子簡に与ふ（八月二十四日）
⑩丹叔倫の帰郷に送るの序（十月、八日以前＊）
⑪神丘の丹子成に報ず（十月二十日以後）
⑫小宮山君に与ふ（月日不明＊）
⑬私に策問を試す（十月）
⑭対問（十月）
⑮私に対策を擬す（十月）
⑯原子簡の問に対ふ（十月）
⑰古文孝経孔氏伝を読む（十月二十七日）
⑱綿引徳卿先生に与ふ（十月二十八日）
⑲高橋子大に与ふ（月日不明＊）
⑳都築伯盈の問に対ふ（十一月）
㉑加倉井子弥に与ふ（月日不明＊）

以上の二十一本となるが、日付が記載されているものは当然ながら問題はない。＊を付したものは推定である。③は短文で日付がないが、①に関連する文章なので②より早いのかもしれない。②の春を厳密におさえることが難しいためでもある。⑦は天明七年十月二十四日の「釈西天に復す」と天明八年二十一日の「原・小宮山二子に与ふ」の間に収められている。文中に昨秋に序を賜ったこと、立原先生に業を受けたこと、学問が孔子に折中することにある、などがみえるので、「志学論」や「伯時先生に呈す」よりは後の作とする。⑪は子成の帰郷の時からみて⑩よりは後となることは明らかである。冒頭に「本月十九日」とみえるがこの本月が問題となる。文中に「八日投ずる所」とみえるところからすれば、常識的には帰郷はこれより以前となろう。また、文中に「越えて二十日」とあるので発信はこれより後ということになる。⑫は文中に服部南郭（子遷）の文章について「嘗て其の文一二篇を取りて、之を読む」とみえるが、⑪には文集を読んだことがないと記しているから、これより以後の作とした。また、内容の類似とその詳細さから④よりは後の作であることには疑いがないであろう。⑬から⑯までは全集の収録順で、明確な根拠を挙げることはできない。したがって、⑫も⑪の直後かどうかは必ずしも明確とはいいがたい。⑲は年内の作であることは疑えないと思われるが、⑦と⑫との関連から、もう少し早いかもしれない。㉑も語句遣いからすればこの年の作としてよいであろうが、月日の断定はできない。

作年月が未記載の六文章（＊印）を十五歳の作と考えてみた。この年には多くの文章をものしているのは、彰考館に史館小僧として採用され、その結果としての幽谷の勉強ぶりが表明されたということであろう。㉑に「不佞は賤職にして局務は旁午」とみえるのは館務に多忙な状況を示しているといえよう。

ともかくも、入館後の幽谷が多忙な中にも友と切磋し、すでに史学研究に打ち込んでいる様子を窺うことができよう。

第五章　藤田幽谷「安民論」考

一　「安民論」

藤田幽谷の「安民論」は寛政二年、十七歳の作であり、「幽谷随筆」とともにこの年までの学問を窺うことができる成果である。この論文は天子の任が天下の父母として民を安んずることにあるとしたものであるが、前年に成った木村謙次の「足民論」とは内容が異なるけれどもその方向性には通ずるものがある。以下、「足民論」をふまえながら「安民論」の成立事情とその主張及び典拠を確認しつつ、幽谷の学問形成上の意義を考えてみたいと思う。なお、本文は『幽谷全集』及び『水戸学全集』収録本により読み下して、原文を便宜上数段に区切って掲げ「安民」に傍線を附した。

①天の蒸民を生ずる、主なければ則ち乱る。故に必ず之を作《な》す君、之を作す師、以て其の治に任ずる者あるなり。其の天下を大統し、而して之を一にする者を天子と曰ふ。天子に亜《つ》いで、而して其の国を治むる者を諸侯と曰ふ。天子・諸侯は独り治むる能はず。是に於いてか公・卿・大夫・士有りて、以て百工を釐《おさ》め、以て万機を理《おさ》む。然る後天下平かなり。

いわば序論であるが、冒頭の「天の蒸民を生ずる」は『孟子』告子章句上篇に「詩に曰く、天の蒸民を生ずる」云々とみえている。また『詩経』蕩之什の蕩及び蒸民にみえ、高弟である会沢正志斎の『下学迩言』論道にもみえるが「蒸民」は人民のことであり、『孝経』に説く周王朝の社会秩序を述べ、治世の原点としている。「以て百工を釐め、以て万機を理む」は『書経』堯典の冒頭の一節に拠っている。

②書に曰く、天工は人其れ之に代はると。故に天子の位、諸侯の職は天位天職に非ざるは莫し。而して天の君を樹つるは、将に左右に民を有《たも》つを以てなり。然らば則ち人君の道、孰れか民を安んずるより大なる者有らんや。民を安んずれば則ち恵にして、黎民之を懐《した》ふ。故に曰く、人君為る者は仁に止まると。孔子曰く、道に二あり、仁と不仁とのみと。古の人君は、能く仁に止まり、以て其の民を安んずる者は、堯・舜是れなり。能く不仁を行ひ、以て其の民を暴《みだ》す者、桀・紂是れなり。後の人主、苟も堯・桀の分を審にせんと欲すれば、則ち其の民を安んずると民を暴すとに在るのみ。慎まざるべけんや。其の不仁無道は、桀・紂の行ひを為す者、固より論ずるに足る無し。中庸の主は、稍《やや》能く彝に非ざるよりなく、即ち慆淫《とういん》無く、而も其の、民を安んずるの道に於いては、独り未だ尽さざる者あるは何ぞや。

「書に曰く」は『書経』皐陶謨、「孔子曰く」は『孟子』離婁章句上篇からの引用である。「安民」（傍線部、後述の箇所にもみえる）を多用して堯舜論を展開し、主題の「安民」に迫ろうとしている。「黎民」は日焼けした人々、「慆淫」はなりゆき任せにすることの意である。

③蓋し、其の志の未だ立たざると、其の術の未だ択ばざるとに由るなり。詩に曰く、豈弟たる君子は民の父母なりと。書に曰く、赤子を保《お》ふ如しと。夫れ一国に在りては、則ち一国の父母為り。天下有てば則ち天下の父母と為る。四境の黎民、万方の蒼生、皆吾が赤子なり。惻隠の心は人皆之あり。赤子或いは其の所を失へば、之が父母たる者、寧ぞ能く忍んで之を座視せんや。仁人の心は是の如く其れ恝せざるなり。故に一民饑するあれば、則ち曰く、此れ我之を饑するなりと。一民の寒すれば、則ち曰く、此れ我之を寒するなりと。一民の罪に陥る有れば、則ち曰く、此れ我之を陥るなりと。匹夫匹婦、与《とも》に至治の沢を被らざる者有るを思ふこと、己を推して之を溝中に内《い》るるが若し。此を以て心と為すを、是れ、志を立つると謂ふ。

「詩に曰く」は『詩経』大雅、「書に曰く」は『書経』康誥、「惻隠の心人皆之あり」は『孟子』告子章句上篇、「匹夫匹婦、与に至治の沢を被らざる者有るを思ふこと、己を推して之を溝中に内るるが若し」は同万章章句上篇にみえる。全体に『孟子』をふまえた論述であり、君子が民の父母たるの志を立てることを説いている。

なお、『勧農或問』の「修惰の弊」の条にも「君子は民の父母、赤子を保んずるが如き政あらば、流離の民も本業に返り、生児を殺すの悪俗も止み、誠に目出度かるべき也」とみえている。

④夫れ、人に忍びざるの心有り。斯に人に忍びざるの政有り。徒善は以て政を為すに足らず。徒

法は以て自ら行ふ能はず。故に先王の仁政を行ひ、以て其の民を安んぜんと欲すれば、則ち務めて人を知るに在り。人を知れば則ち哲にして能く人を官《つかさど》る。其の仁政に於いて挙げて之を措くのみ。是れ、術を択ぶと謂ふ。志は既に立ち、術は既に択び、而して其の民を安んずる能はざる者は、未だ之有らざるなり。然りと雖も、君為ること難し。堯・舜の聖たる所以は、其の克く厥の后を艱するを以てなり。其の勲の放は能く四表に光被し、上下に格るに至る。而して其の化の大は能く欲するに従ひて以て治め、四方の風動するに至る。盛んなりと謂ふべし。而して博く施して衆を済ふ。己を脩め以て百姓を安んずるは、堯・舜も其れ猶諸を病めり。夫れ、唯之を病めり。故に能く病せざるなり。堯の舜に授くるなり。曰く、四海は困窮し、天禄永く終らん。舜、亦以て禹に命ず。聖人の儆戒して慮り無き所以なり。而して其の民を憂ふるは此の如し。後の世主、其の堯・舜に及ばざること倍蓰《ばいし》して算無し。其れ、暴君は汙吏と相去ること、特に五十歩百歩の間に在りて、自ら以為らく、我独り能く心を吾が国家に尽せりと。或いは歳を玩び、日を愒し、偸安姑息して百工は未だ釐めず。百姓は未だ親しまず。曰く、吾が国は既に治まり、吾が民は既に安んずと。其の民を賊するを免れ得る者は幾ど希なり。之を均しく桀・紂の帰と為すのみ。此の如くして与に堯・舜の道に入らんと欲す。是れ、猶卻走《きゃくそう》して前人を求逮するがごとし。

「人に忍びざるの心有り。斯に人に忍びざるの政有り」は『孟子』公孫丑章句上篇、「徒善は以て政を為すに足らず」は同離婁章句上篇、「其の勲の放は能く四表に光被し、上下に格るに至る」は『書経』堯典、「而して博く施して衆を済ふ」は『論語』雍也篇、「己を脩め以て百姓を安んずるは、堯・舜も其れ猶諸を病めり」は同憲問篇、「四海は困窮し、天禄永く終らん」は同堯曰篇、「五十歩百歩の間に在りて」は『孟子』梁恵王章句上篇を、それぞれ引用またはふまえた記述である。述べるところは堯舜論の展開である。卻走は退き逃げるの意である。

⑤今夫れ、満堂に飲酒する者、一人有り。独り索然として隅に向ひて泣けば、則ち一堂の人、皆楽しまず。仁人の心、之を四境に小にし、之を四海に大にすること、譬へば猶一堂の上のごとし。故に一人も其の所を得ざれば、則ち其の心に悽愴す。況んや其の一人に止らざるをや。父母の赤子に於けるや、之を将して、之を養ひ、之を育て、之を長じ、唯、其の大に至らざるを恐るるなり。之を乳し、之を哺し、或いは之を懐抱し、或いは之を襁負《きょうふ》す。仁人の民に於けるや、亦、猶是のごときなり。饑うれば則ち之に食し、寒ければ則ち之に衣す。其の庶を欲し、其の富を欲するなり。既に庶にして且つ富む。乃ち従ひて之を教ふ。苟も人君為る者、仁に止まらんと欲すれば、則ち豈に一日も偸安《とうあん》姑息なるべけんや。仁心仁聞有りと雖も、民を安んずる能はざれば、則ち仁に非ざるなり。煦煦《くく》たる者は拡めて之を充たすを知らず。何ぞ以て民の父母為るに足らんや。人君或いは能く其の志を立て、其の術を択び、以て仁政を施さんと欲す。而して驕吝《きょうりん》の心有りて之を害せば、則ち亦以て斯の民を安んずる能はざるなり。

「其の庶を欲し、其の冨を欲するなり。既に庶にして且つ冨む。乃ち従ひて之を教ふ」は『論語』子路篇によるのであろう。後年の「丁巳封事」にみえる内容がすでに盛り込まれているといえよう。襁《きょう》負《ふ》は帯ひもで幼児を背負う、偸安《とうあん》は安逸をむさぼるの意である。

⑥蓋し、驕れば則ち自ら賢とし、訑訑《いい》の声音顔色、人を千里の外に距がば、讒諂面諛《ざんてんめんゆ》の人至らん。吝なれば則ち貨を好み、財に嗇、積みて散ずる能はずして、聚斂掊克《ほうこく》の臣至れり。讒諂面諛して上に在りて其の君を蔽ひ、聚斂掊克して下に在りて其の民を賊すれば、則ち国は其の国に非ざるなり。世の人君、未だ嘗て人を知りて民を安んぜんと欲ぜざるはあらず。而して其の、此の如き者は、他無し。其の己に克つ能はずして、驕吝は其の心に作《おこ》り、而して其の政を害するなり。然れば則ち恵哲と驕吝とは、堯・桀の由りて分かるる所、戒めざるべけんや。驕吝の心は独り昏暗の君に之有らず。而して聡慧の主は多く此の病有り。故に孔子曰く、如し周公の才の美有るも、驕且つ吝ならしめば、其の余は観るに足らざるのみと。周公は古の聖人にして多材多芸の者なり。如し其の財の美有りて、驕且つ吝ならしめば、則ち与に堯・舜の道に入るべからず。其の余は観るに足るなし。況んや其の材の周公に下る者においてをや。甚だしいかな。驕吝の徳を害ふや。然れども所謂驕吝は、必ずしも其の顕著なるを竢ちて後に害と為るにあらざるなり。一たび其の心に作れば、其の政を害ふ。故に書に云ふ。迪に恵へば吉にして、逆に従へば凶なり、惟れ、影響のごとしと。君子は其の幾微の際に察せざるべけんや。人君は苟も

民の父母の義を知らば、則ち人を忍びざるの心は油然として之を能く禁ずるなきなり。若し赤子の義を保つを知らば、則ち人に忍びざるの政は沛然として之を能く禦ぐなきなり。夫れ然る後、以て上天下民を寵綏《すい》するの意に庶幾《ちか》かるべし。而して堯・舜の君道を尽くす所以も亦遠からざらん。安民論を作る。

「訑訑の声音顔色、人を千里の外に距がば、讒諂面諛の人至らん」は『孟子』告子章句下篇、「孔子曰く」は『論語』泰伯篇、「書に云ふ」は『書経』大禹莫に、それぞれみえる。『論語』や『孟子』をはじめとして多くの古典を渉猟しながら、堯舜の哲人政治を探究することが「安民論」の方向性であろうが、それはまだ理念にすぎないとはいうものの翌年の「正名論」、そして「丁巳封事」や『勧農或問』への展開を暗示するものといえよう。訑訑は自らほこる、讒諂面諛は悪口を言って人にへつらう、聚斂掊克は厳しく税を取り立てる、寵綏は安んずるの意である。

二 「足民論」との関係

木村謙次の「足民論」(『近世地方経済史料』第一巻収録による)は八論(他に序と「足民論を上るの書」「俗文言足民論を上るの書」の二文が付されている)からなり、農村の実情と解決策を提示したものである。八論とは「産児を斃すの弊害」「凶歳に於ける役人取扱の不法」「御郡方役人の不忠」「山横目大山守の不埒」「賄賂流行民間不取締の事」「儒者の不心得」「黒鍬の救済」「大臣は学問すべき事」を指すが、末尾に「久慈郡天下野村の草深き所の小百姓木村謙」とみえるように小百姓ならではの視点によるものといえよう。また奥書が附されているが、それによれば寛政二年初春に献上した、という。そして末尾には「寛政三年辛亥三月十六日太田一鳳堂にて、杉山子方に逢ふ、足民論上覧に漸入りたるよし。四月十六日、水戸へ登候所、子定曰、君公上覧なるを鈴木千介見たる由」とみえている。一鳳堂は高野昌碩のこと、子定は幽谷の字である。水戸在住の幽谷は上覧のことに聞き及んでいたのであろうが、それを木村に伝えたわけである。ここでは幽谷が「足民論」の上覧を知っていたということに注目すべきである。それは幽谷の「安民論」の執筆が寛政二年十一月四日だからである。すでに幽谷は年少時から木村を此君堂の先輩として仰ぎ、親密なる交遊を維持していたのであるから、指摘するまでもなくその論述の名称や内容を念頭においたであろうことは容易に推察される（君公上覧の件が「安民論」成立後であるから内容の把握にまで及んでいたかは不明であるが、すでに親密な交遊が形成されていたことは確認される）。ただ、その内容は大きく異なり、「安民論」は漢文体である上に古典をふまえつつ治世の理念を追求したものであって、若き幽谷の思いを注ぎ込んだ一文ということができよう。

　ところで、杉田雨人氏は「足民論」に関する木村自らの記録を紹介されている。

　寛政二年庚戌正月原玄与先生御取次にて差出す、其後一切沙汰なき故、中途に反故になるらんと、丹誠を無にする事を嘆せしに、寛政二年庚戌七月二十二日夕、原玄与先生、先達てより可申遣と□《ママ》たり、足民論の儀、岡村弥左衛門より郷村かかり野中三五郎殿迄指上たり、其已往は手元をはなれたる事故、しれぬと断りなりと云、其後沙汰一切なし、寛政三年辛亥三月十六日太田一鳳堂にて杉山隆策に出会の節、隆策が云く、足下の指上られたる足民論も漸く上覧に入たると云、此事虚なるにや、四月十六日水戸へ登候所、子定が曰□《マ》□《マ》上覧あるを鈴木千介見たると云、

（杉田雨人氏『木村謙次』、ルビ略）

これは『訳文足民論』の末項の余白に記されたものであるが、さらに「寛政元年初春に献上」「本書寛政元の暮秋献上、同年二年庚戌七月二十二日夕、原玄与医管へ訪遇」などとみえるとも杉田氏は付記されている。文中の原玄与は医師の原南陽のこと、また野中三五郎は蕭軒と号し、大老や軍用司を歴任した人物である。そうすると、先にふれた『近世地方経済史料』第一巻収録本の本文後にみえる記載は、杉田氏の紹介記録の要約（収録本は彰考館にて織田完之が謄写したもの）といってよいであろう。これによれば「足民論」が寛政元年暮秋までには成立していたことになるが（『水戸市史』中巻二は寛政二年の成立とする）、さらに重要なのは『訳文足民論』を指摘されていることである。これは正文が漢文体の文章であることを示すものであろうが、それは末尾に付加した「俗文言足民論を上るの書」に俗文言にした理由が記されているからでもある。その俗文言が『近世地方経済史料』に収録された文章ということになるであろう。

なお付加すれば、吉澤義一氏が「足民論」は「国字足民論」（杉田氏のいう「訳文足民論」のことであろう）とともに彰考館や北海道大学北方資料室に蔵されていると注記されていることも考慮してよい

し（『北方領土探検史の新研究』第二章）、文公に献ぜられた岡井蓮亭の「制産論」が漢文体であることをもふまえてよいであろう。遺憾ながら「足民論」の正文は管見に及んでいないが、漢文が正文であることは確かであろう。

「安民論」は特定の誰かに送る書簡の類ではないが、木村の「足民論」との関係を考えれば木村に提示されたものかもしれない。併せて立原総裁にも呈されたと考えることもできようか。いずれにしても、自らの学問の成果として治世理念の方向性――それは人君が民を安んずるための治政の実際的効果をあげることを意味しよう――を探ったものということができよう。やがて、それは『勧農或問』にも結晶しつつ高弟会沢正志斎の『新論』へと継承されていくのである。

第六章　藤田幽谷の代作

はじめに

藤田幽谷の代作というのは幽谷が師や先輩からその代わりに文章を作成したことの意である。それは神童として誉れ高い幽谷が、その才を買われた結果ということができようが、それだけ期待するところが大きかったということでもある。『幽谷全集』未収録も含めて代作によって作成した文章が知られている。以下にはその代作による文章を取り上げてみたいと思う（詩の代作もあるが、ここでは文章のみを考察の対象とする）。

一般的にみて、学者が藩主などの代作をするのは特別なことではない。例えば、大井松隣による「大日本史序」や幽谷による「大日本史を進つるの表」などはその典型的な事例といえようが、ここではそのような事例ではなく幽谷が年少期に、いわば習作としての代作を考えてみようとするのである。

一　「江遊印譜序」

年代的にもっとも早いのは全集未収録の「江遊印譜序」であるが、全文は秋山高志氏によって紹介された（『在郷之文人達』）。「江遊印譜」は野口北水の著作で、野口は篆刻や鋳銅印に秀でた人物である。天明七年の成立であるが、それには高橋広備・斎藤伯通・原南陽・長久保赤水・大田南畝など多くの序跋が付されている。それらに雑じって立原万（翠軒）の序も付されているから、幽谷が翠軒の命によって代作したというのは必ずしも正確とはいえないかもしれない。しかし、翠軒の序は「野口兄の印譜に題す」という七言絶句のみなのである。幽谷の序文は、

印章の興る、其の由来する所は尚《ひさ》し。秦漢以来其の義は尤も著《あら》はれ、自ら王は公卿大夫を以て金璽銅印各々を有《たも》つ。其の数世を歴るに信を以てす。恭《うやうや》しく惟《おも》みるに、我が日本は神裔相承け、神璽の名は較然《こうぜん》（対比がはっきりしている）著明して殊に周鼎秦璽のごときに非ず。異姓の、更に之を伝ふるに比せんや。而して公卿大夫及び庶人、亦各々常に制有り。彼の浮靡の如く風相為るを誇示すれば、則ち以て論ずるに足らざるなり。已にして磯原の野口氏は彫刻に工なり。今茲《ことし》（天明七年）、江戸に在り、公命じて図書に刻せしむ。邸舎に留まること数月、公卿大夫、其の鐫鑿《せんさく》を請ふ者は百数を慮る無し。已に業を卒へ、将《まさ》に磯原に帰らんとするなり。上公及び儲君の恩賜は甚だ厚し。

と書き出した後に、

野口氏の其の在邸に刻する所を彙《あつ》めて以て印譜と為す。序を我が伯時先生に求む。先生、余に序するを命ず。蓋し、剞劂《きけつ》（彫刻）の功は徐《おもむろ》ならず疾《はや》からず之を得るか。而して心口に応じて言ふ能はず。数有りて存す。其の間に於て則ち其の技の巧拙は豈に小子の能く知る所ならんや。何ぞ之に序せん。

と記しているところからみて、ここでは翠軒の代作としてよいと考えるのである。序文は長いものではないけれども、十分に代作としての役割を果たしているように思われる。先の引用に続く部分を掲げておこう。

然りと雖も、長者の為に枝を折る、聊か以て能く為すべき所は之が為に序するなり。若し夫れ、虫魚鳥象文の妙、棘猴《きょくこう》玉楮の巧み、之を論ぜんと欲すれば、則ち山を挟み海を超ゆるに比せん。豈に小子の能く知る所ならんや。書の終りに此の数言を以て先生の求めに応ずと、しかいふ。

以上で全文となる。「長者の為に枝を折る」は『孟子』梁恵王章句上篇に拠るが、「虫魚鳥象文の妙、棘猴玉楮の巧み」は技のすばらしさの形容であろう。それは斎藤伯通の序に「その技は妙に至り神に入る」ほどの「彫刻極巧」とみえるところからも証明される。

文末には「天明七年冬十月」「藤田一正子定」と記されている。私はこの文章の存在を杉田雨人氏の『長久保赤水』に引用される史料（立原翠軒書簡）と高山彦九郎の「江戸日記」にみえる記事から承知していたが、秋山氏の著書によって漸く知ることができた。

二　「比観亭碑并序」の附記

幽谷の代作としてよく知られるのは長久保赤水から命ぜられて作成した「比観亭碑并序」であろう。まずは赤水の「附記」から言及しよう。全文は次の通りである。

比観亭落成す。上公特に臣玄珠《はるたか》に命じ、往いて其の地を観、且つ之が記を作らしむ。玄珠老耄して、耳亦聡ならず。謬聴を以て碑を建て銘を勒するの事を命と為せり。乃ち草稿を属して既に成る。立原総裁に因りて以て進止を取る。公曰く、碑を建て銘を勒さん。寡人の意未だ嘗て此に及ばず。但、之が記を作らしむるのみ。宜しく改めて比観亭の記と為すべしと。玄珠、竊に謂ふ。記と碑と各其の体を異にす。苟も徒に其の名を改めて原文を襲用せば、必ず識者の譏りを犯さん。若し黽勉《びんべん》事に従ひ、更に之の記を作らんと欲すれば、則ち昏耄《こんぼう》の余り、精神筆力既に已に尽くせり。復た能く為すなきのみ。且つ其の措辞の間に、頗る微意を寓するあり。今、輒《すなわ》ち改めて記事の文と為せば、則ち平平たる鋪叙、筆、意の随に致す能はず。故に此の稿未定に属すると雖も、悉く棄て去るに忍びず。聊《いささ》か録して以て後人の覆醤《ふくしょう》（著述）に供すと云ふ。是の歳五月玄珠又識す。

全集によれば寛政三年五月の作となる。末尾に「玄珠又識す」とみえるが、玄珠は長久保赤水の諱である。全集収録の「比観亭碑并序」（全集の巻頭には幽谷自筆の印影が付されており、その末尾には赤水の筆で「水戸　侍講史官長久保玄珠拝撰」「史官書生藤田一正作」と記されている）という表題の下には「長久保赤水に代る。時年十八。寛政三年辛亥正月」という割注が添えられており、赤水に代わって作った文章であることが知られる。「附記」は五か月後に成り作成の経緯を記したものであるが、これによれば必ずしも意に満ちたものではなかったのであろう。上公は藩主治保で、赤水は晩年に侍講を命ぜられるほどの信任を得ていた。

三　「比観亭碑并序」

さて、その「比観亭碑并序」の概要を紹介しよう。義公から烈公に至る間に海岸沿いや那珂川沿いにはいくつかの亭が営まれたが、比観亭は文公によって磯前の酒列神社近くに建てられた建物である。その意義と経緯を述べた一文が「比観亭碑并序」である。

冒頭には、

古に称《い》ふ。東方の人は生を好み、万物は地に抵《ふれ》て出づ。其の俗は仁にして寿《いのちなが》し。君子不死の国有るに至る。日出るの邦は大海の中に在り。其れ画して州と為すは六十有六、而して常陸は最も東の極に居れり。蓋し、水陸の府蔵、物産の膏腴《こうゆ》、所謂常世の郷、古俗以て神仙の区に比するは、諸《これ》を伝記に稽へて、以て概見すべし。

と記すが、「伝記」というのは『日本書紀』や『文徳天皇実録』を指すのであろう（野口勝一校訂『古今類聚常陸国誌』の跋にみえる「地誌料」も含むかもしれない）。この一文は以下「大巳貴《おおなむち》・少彦名《すくなひこな》、相与《とも》に力を戮《あわ》せ、心を同じくし、天下を経営し」たことにふれ、この二神は出雲と常陸に隠遁したとし、「大洗・酒列は、皆瀕海の地、倶《とも》に磯前を以て称す。相隔つること十数里、齊衡中、始めて神有りて大洗磯前に降」ったと述べる。次いで「天安元年、大洗・酒列の二祠、皆諸を祠典に列す。事旧史に具はる。厥《そ》の後数百年、酒列の祠は荒廃して墟と為」したとし、その後、義公の時代に至る経緯に及んで、

寛文三年、平磯の村民、その界内の旧塚を発て石棺を得たり。棺中に太刀・短鋒各一口有り。又、甲冑の如き者有り。棺の外方数百歩、皆陶器を埋め墻址《しょうし》の如し。父老相伝へて以て磯前神祠の墟と為せり。先君義公、其の守祀の廃るることを懼れ、命じて神祠を其の側に建てしむ。廟貌厳然として其の旧観を復せり。松樹を列植し、鬱として叢林と為せり。

と叙する。『式内社調査報告』（第十一巻、沼部春友氏稿）がこのような状況を要約し、また義公の遺志を継いで粛公が現社地に造営したことにふれていることは古伝に沿った幽谷の記述の意義づけでもあろう。さらに、平磯村の居民の敬神と「淳樸にして、道を以て御し易」い風俗にふれ、今公（文公）のこの地への観游と風土を叙述するのである。

寛政二年冬、今公国に就く。暇日海に遵いて遊び平磯村に至る。召して里中の児童を聚め、銭若干を賜ふ。児童、咸《みな》拝舞して退く。公の観游すること久し。特に其の土風を楽しみ、将に以て游

予の地と為さんとす。親づから攸を神祠の北数百歩に相みる。越へて明年、政通じ民和し、亭を丘上に作り、名づけて比観と曰ふ。蓋し、諸を孟子の称する所斉の景公の語に取れり。碑を建て銘を勒し、以て臣玄珠に命ず。玄珠伏して念ふに、斯の亭や、叢林を左し、洲渚を前し、大海は泱泱として其の東に環る。衆山の巍然たる転附《てんふ》・朝儛《ちようぶ》の如きは西北に屹立し、一動一静、仁智者の楽しみ有り。若し乃ち、海水濤を激せば則ち馮夷《ひようい》（川の神）鼓を撃ち、松風声を成せば則ち玉女瑟を奏す。三山・十州、依稀《いき》として眉睫の間に在り。安期・羨門の属、髣髴として其の左右に在るが如し。

ここで注目すべきは命名の根拠としての『孟子』であるが、それは梁恵王章句下篇にみえるところである。

昔者《むかし》斉の景公、晏子《あんし》に問うて曰く、吾、転附・朝儛を観し、海に遵って南し、琅邪《ろうや》に放《いた》らんと欲す。吾何を脩めて以て先王の観に比すべきや。

「転附・朝儛」は斉の国内にある山の名であるが、景公はどうしたら先王が回って観た事蹟に比べなぞらえることができるだろうか、と晏子に問うたのである。命名の典拠はここにみられるが、この箇所にはこれを念頭においているわけである。さらに「一動一静して仁智者の楽しみ有り」は『論語』雍也篇によるが、かつて義公が者楽亭を建てたことも背景においてよいであろう。者楽亭については「幽谷随筆」の最末尾に関連の記事がみえている。「安期・羨門」は秦の始皇帝が捜し求めた仙

人をいうが、いわば古典や故事をふまえて亭とその地を叙述しているのである。さらに景公に及んで、
　昔者、斉の景公、海を負ふの固に拠り、諸侯の雄と為す。観游の心一たび啓く。而して晏子の言に感ずる有り。能く流連荒亡の楽しみ無く、以て先王の観に比すを得ん。賢者焉《これ》を称ふ。
と叙するが、ここも「梁恵王章句下篇」をふまえている。そして我が公を景公になぞらえて「今より以往、民の憂ひを憂ひ、民の楽しみを楽しむ。恵して費やさず。而して之を損益す。又、何ぞ興発して足らざるを補ふの言足らんや」とし、「我公の仁政を施すは平磯より始」まるのであり、それが「推して四境の内に及び、生を好むの徳をして民心を洽《うるお》さしむる」のであって、やがて「斯れ民を仁寿の域に躋《のぼ》らしめば則ち不死の国、常世の郷、必ず将に他に求むるを待たずして存する者有らんとす」ることになるというのである。
　末尾に至っては、
　吾民頼て以て休助せば則ち遺愛の在る所、後の、斯の亭に登る者をして必ず召南の君奭《せき》を懐ふが如く、斯の碑を読む者をして亦必ず峴《けんざん》山の羊公を思ふが如くならしむ。何ぞ難きこと之有らん。君臣相説ぶの楽しみ、諸を声詩に発する者、将に復《また》今日に見はれんとす。亦美ならずや。
と叙して、民の向かうところを期したのである。「召南の君奭」は文王が徳政を敷いた地の中で二分し召公奭が治めて先公の教えを守らせたその徳、「峴山の羊公」は晋の羊祜が登って遊んだ地で後世碑文によって称えられた徳のことであり、『詩経』などによって伝えられる故事である。晏子の故事

も引いているが、これは『晏子春秋』にみえるところであるから、さらに多くの古典をふまえて亭の意義を叙述したわけである。

最末尾には辞を加えているが、それは「明明我公」から始まる二十四句からなり、我が公を称えたものである。いうまでもなく、その形式は『詩経』に倣っており、赤水の思いとともに幽谷のそれをも託したものとなろう。

四　伯楽としての翠軒と赤水

もう一例にふれておこう。天明八年十五歳の作である「備中古河翁の巡検使に従ひて奥羽二州に適《ゆ》くを送るの序」という文章も長久保赤水の求めによる代作であった。それは文中に「汝余に代わりて之を言へ」とみえるところから知られる。まず地理書の重要性から書き出し、地理学を「一日も廃すべからず」とし、山川を跋渉して海内に周旋することは艱難を極めることでその書を成すのは難しい。それを、古河翁は畿道に偏してはいるが、図写して嚢に満たすこと百を数える。いまだ奥羽には及んでいないが、この度機会を得たので、その志を達するであろう、とする。さらに赤水翁の「地理志」編纂の業績に及びながら『論語』雍也篇にみえる「仁者は山を楽しみ、智者は水を楽しむ」を引き、「同病相憐れむ」翁の命によって文を作す所以を述べ、古河翁の奥羽遊を意義づけたのである。赤水・古松軒の二翁は、この一文を閲して改めて幽谷の神童(奇童)ぶりを実感したことであろうと思われる。

赤水は幽谷や高橋子大などに度々代作を命じているが、これは弟子や後輩の学問の向上を意図したものなのであろう。いったい、赤水はこの代作をどのように考えていたのであろうか。伊藤修氏によれば、赤水は詩文を余技とし自らの本領とは考えていなかったのであろうという。それが代作で済ます結果となり、「比観亭碑并序」や子大の「菜芝記」がその代表例であるとされ、小宮山楓軒も「駿河風土記ノ序」を代作したことがあるという（『昔語水戸の芸苑』、楓軒の代作については『耆旧得聞』長久保玄珠の項にみえる）。やや後年になるが（享和元年六月）、翠軒は「文恭朱先生に告ぐるの文」の代作をも命じているから依然としてその才を高く評価していたのであろう。

幽谷は十一歳にして翠軒に入門し、十五歳の時やはり翠軒の推挙によって史館小僧として入館し、さらなる指導によって学問を積んだが、一方赤水はその才を内外に喧伝しつつ、大きな期待を寄せていた。これらを考慮するならば、幽谷にとって志学時における翠軒と赤水の役割は極めて重要なものであり、誤解を懼れずに言えば翠軒と赤水の水戸学史上における最大の功績は幽谷を見出したことにあろう。そうとすれば、代作は単なる代作に止まらず幽谷の学問形成にとって大きな意義を有するものであり、この意味において両者は名伯楽ぶりを発揮したといってよいであろう。

第七章　藤田幽谷『正名論』を読む

本日は『正名論』について学びたいと思います。申し上げるまでもなく、『正名論』は義公精神を復活した藤田幽谷の代表的な著述であります。少々長い文章でありますから、かいつまんでお話ししなければならないと思いますのでご了承いただきたいと存じます。まずは、『正名論』成立の問題を考え、次に本文から学んでいきたいと思います。

一　『正名論』の成立と二説の根拠

『正名論』は藤田幽谷が十八歳の時の著述です。時に寛政三年ですが、実は十八歳ではなくて十六歳の時の著述であると主張される方がいます。十六歳ですと寛政元年になります。例えば、前田香径氏編『立原翠軒』所収の岡沢稲里氏「立原翠軒年譜」、杉田雨人氏『長久保赤水』、西村文則氏『藤田幽谷』、西尾幹二氏による『水戸学集成』リーフレットの紹介文「天才少年のロマン」、『日本思想史講座』5に収録の小沢栄一氏「近世歴史思想の諸相」などです。ただ小沢氏は「一八歳の作文である」としながらも「東湖の伝えるように、また高山彦九郎との面会から寛政元年だと一六歳」とされています。

なぜこのような主張が出るのかと考えてみますと、どうも子息東湖が書かれました「先考次郎左衛門藤田君行状」という文章に根拠があるらしいのです。この文章は『幽谷全集』に収められていますが、その中に次のような箇所があります。

> 明年は寛政紀元、立原先生に従ひて江戸に游ぶ。始て柴野彦輔・吉田坦蔵・大田才佐等と相識る。英名は甚だ都会に藉る。居ること月余にして家に帰る。
> 亡何《いくばくもなく》幕府の執政白河源公君の名を聞き、其の文辞を観んことを欲す。人或は君に謂ひて曰く。今子は天材絶倫にして一国の器に非ず。苟も膴仕を獲るを欲せんとすれば事幕府に若くは莫し。今白河侯、新に政の為に江戸に於て人材を抜擢せんと務む。而して子の文を求むるは千載の一時にして失ふべからず。君笑て答へず。廼ち正名論を著はし、君臣の大義を述べ以て之に応ず。白河侯、蓋し原《もと》君を聘するの意有り。正名論の出づるに及んで事遂に寝《や》みぬ。

漢文で難しく思われるかもしれませんが、まず冒頭の傍線部にご留意ください。「寛政紀元」というのは寛政元年のことです。明年は前年の天明八年からみているからです。この「寛政紀元」の年に、幽谷は彰考館の立原総裁に従って江戸に行ったわけです。そこで柴野・吉田・大田等の著名な学者と交わったのです。交わったと言っても大学者達ですから紹介された程度かとも思われますが、ともかく江戸で柴野栗山・吉田篁墩・大田錦城などという大学者と交わり、大きな刺激を受けたことと思われます。「居ること月余にして家に帰る」とありますが、約四ヶ月江戸に滞在しています。その後「いくばくもなく」して白河侯、すなわち松平定信から文章を求められたわけです。当時の幽谷には巷間に「天材絶倫」で「一国の器に非ず」との評判が流布していたのでしょう。幕府に招聘しようというのは噂話だったかもしれませんが、そのような噂があったのかと思われます。それくらいの天才ぶりが幽谷にみられていたということになります。

そこで松平定信の求めに応じて提出したのが『正名論』です。引用の最後に「事遂に寝《や》みぬ」とありますが、定信はこの『正名論』をみて招聘（幕府の役人としての採用）を止めたというのです。このことは「蓋し」とありますように推測ですから真偽のほどは分かりませんけれども、少しうがった見方をしますと、この頃、すなわち天明年間のことですが、京都の御所が火災に遭いました。この時、御所復興の責任者として働いたのが定信です。御所は見事に復興しました。このことはある意味では幕府の尊皇を示す事実として捉えることができます。こうした事実を踏まえて幽谷は定信に期待するところがあったのかもしれません。いずれにしましても、この箇所から『正名論』成立の経緯が知られます。

もう一度傍線部の「明年寛政紀元」にご留意ください。留意すべきは表記の仕方です。東湖のこの文章「先考次郎左衛門藤田君行状」の年代記載をみますと、年号と干支が一体で表記されるのが原則です。その様子を掲げてみますと次のようになります。

①君諱一正〜（生誕と幼少時）
②天明八年戊申〜（彰考館採用と正名論）
③二年庚戌〜（父安善の逝去と服喪）
④七年乙卯〜（立原先生との上京）
⑤八年丙辰〜（自宅下賜と幽谷号）
⑥九年丁巳〜（結婚と時務論・建策）
⑦享和紀元〜（青藍舎と修史）
⑧文化二年乙丑〜（郡奉行）
⑨十年癸酉〜（修史）
⑩十三年丙子〜（大津浜事件）
⑪九年丙戌〜末尾（最期）

①は書き出しですから除外しますと、⑦のみが例外ですべて年号年代と干支の組み合わせであることがわかります。それでは⑦の状況を確認してみましょう。⑦には干支こそ記されていないのですが、すぐその後に「君年二十有九」とあり、この二十九歳の年は享和二年に当たります。この後の箇所に「明年癸亥」とみえるのですが、明年の基準は二十九歳の年、すなわち享和二年なのです。もし享和元年（辛酉）であるとすれば明年は二年壬戌となりますので癸亥では辻褄が合わなくなります。癸亥は

三年だからです。そうしますと、「君年二十有九」は享和二年の表記の代わりとなることが知られるのです。このように行状の構成をみてきますと、「明年寛政紀元」の解釈が明らかとなります。もとより明年は天明八年の次の年、すなわち寛政元年を指します。最初のところで申し上げました寛政元年説を採られる方は行状の構成を正しく理解されなかったということになります。小沢栄一氏は「東湖が伝えるように」とされていますが、そのようなことを東湖は伝えておりません。要するに、年代を単純に編年順に追って考えてはだめだということです。編年順に書かれているというのは単なる思い込みにすぎません。第一、東湖が父のもっとも重要な著述の著作年代を誤るはずがないとすべきではないでしょうか。

ところで、幽谷の高弟である会沢正志斎の「幽谷先生次郎左衛門藤田君墓表」に、

幕府執政白河源侯之を聞き、其の文辞を観んことを欲す。先生為に正名論を著はし、以て君臣之大義を道ふ。時に年十八。

とあり、また同じく正志斎の「幽谷藤田先生墓誌銘」に、

十八。幕府執政白河源侯、其の名を聞き、其の文辞を観んことを欲す。先生為に正名論を著はす。

とありますので『正名論』が十八歳の著述であることは明らかです。ましてや、この年は正志斎が幽谷に入門した記念すべき年ですから誤ることはありえないと思われます。研究史的にみましても、早くに菊池謙二郎先生が主張されていますし、また瀬谷義彦先生の日本思想大系『水戸学』の解説や名

越時正先生が『水戸学の研究』で紹介された、

寛政三年辛亥冬　十月十四日　藤田一正稿

という奥付からも十八歳の執筆であることに疑う余地は全くありません。以上、『正名論』成立の問題を考えてみました。

二　幽谷学の確立

次に『正名論』成立の背景をみておきましょう。『正名論』の成立は幽谷の学問の確立を示すものだからです。『正名論』成立の背景、これは準備といってもよいのですが、その第一は『神皇正統記』の研究です。いうまでもなく『神皇正統記』は北畠親房公の著書です。水戸では特に重視された書物です。幽谷はこの『神皇正統記』を筆写しているのです。名越先生が紹介された彰考館蔵の幽谷校合本の奥書の日付に、

寛政二庚戌重九之日

とあります。この日付が重要です。「重九之日」は九月九日のことです。先ほど紹介しました名越先生の奥書をもう一度ご覧ください。見比べてみますと、『神皇正統記』の校合は『正名論』成立のほぼ一年前に当たります。『幽谷随筆』の巻末をみますと寛政庚戌とありますのでちょうどこの頃にあたりますが、これをみると幽谷の勉強の足跡がよく分かります。また名越先生は「幽谷自筆史料目

録」という史料を紹介されていますが、これはこの年の正月から九月七日に至る読書目録です。これに「神皇正統記」とか「天皇考草本」という記載がみえていますので、この頃幽谷がしっかりと我が国の歴史を勉強していたことが窺われるのです。

第二には、高山彦九郎の訪問です。高山彦九郎はいわゆる寛政の三奇人として知られていますが、江戸中期の先哲です。その彦九郎が、水戸下谷にありました幽谷の自宅で面会しましたのは寛政二年七月一日のことです。この時の様子が彦九郎の『北行日記』にみえています。それが次の一節です。

上ハ町下タ谷といへる所にて藤田熊之助一正を尋ねける、早や予か来るべしとて待ち迎へたり、与助と名を替へたり、親を与右衛門と号す、よろこひ出で、冷麺に酒を出だす（中略）一正と大義の談有りける、一正能ク義に通ず、存慮の筆記を見す、同しくは公よろしからんと示メしけるに忽チ筆を取りて改めける、才子にして道理に達す、奇也とてよろこび語る事ありける

熊之助一正《くまのすけかずまさ》というのが幽谷のことです。当時は与助と名乗っていたわけです。幽谷はこの与助という名を気に入っていたようです。それは中江藤樹の俗名を与右衛門といったのですが、この名は幽谷の父の名と同じでした。それで、藤樹先生に連なる名として与助という名を喜んでいます。このことは「幽谷随筆」にみえていますが、『孝経』を大切にされたことも藤樹先生に連なるとしてよいかもしれません。ともかくも、彦九郎は前年に江戸の長久保赤水邸で会っていたので面識がありました。彦九郎幽谷の家では訪問を歓迎して冷麵と酒でもてなしました。歓談がはずんだことと思われます。彦九郎

は幽谷を「能ク義に通ず」とし、そして「才子にして道理に達す」と評価しています。ここにみえる「存慮の筆記」とは何でしょうか。幽谷が自らの考えをまとめたものだったことは明らかですけれども『正名論』ではありません。それは彦九郎が見て何か指摘するところがあって、それを幽谷が「忽チ筆を取りて改めける」という状況だったからです。この簡潔な記事から読み取れることは、幽谷が彦九郎から「大義」について学ぶところがあっただろう、ということです。先の『神皇正統記』の研究と合わせて考えますと、この寛政二年（もちろん翌三年にも及ぶのですが）という年に幽谷の学問が大いに前進したことが分かります。あるいは『神皇正統記』の研究は彦九郎からも勧められたのかもしれません。もちろん「存慮の筆記」が幽谷の勉強の跡を示すものであり、それが『正名論』に反映されていることは認められると思います。あるいは草稿的なものだったかもしれません。

また前回、宮田正彦先生からお話のありました「原子簡に送るの序」が寛政二年の成立だったことを思い起こしていただきたいと思います。

このようにして二年・三年と学問が進み、その成果が『正名論』として結実したのであろうと思われます。以上、幽谷学の確立という観点から考えてみました。

三　『正名論』の本文

それでは、次に『正名論』の本文を考えてみたいと思います。『正名論』はわずかに千三百字余りの文章です。ですから、著述というよりは一論文とでもいうべきかと思います。全体の分量はともかく、いま仮に八段に区切って考えてみることにします。ただ、時間の関係で第二段目は省略させていただきます。この段は漢土のことを述べた部分であり『論語』の引用などは大変重要なものであります。

第一段からみてまいります。

甚しいかな、名分の天下国家に於いて正且つ厳ならざる可からざるや、其れ猶ほ天地の易ふ可からざるがごときか。天地有り、然る後に君臣有り。君臣有り、然る後に上下有り。上下有り、然る後礼義措《お》く所有り。苟も君臣の名正しからずして、而して上下の分厳ならざれば、則ち尊卑位を易へ、貴賤所を失ひ、強は弱を凌《しの》ぎ、衆は寡を暴《そこな》ひ、亡びんこと日無からん。

書き出しの部分です。天下国家において名分は正しく厳格なものでなければなりません。それは天地が変わらないのと同じことであります。天地があって始めて君臣があり、君臣があって上下があります。上下があって礼義があります。君臣の名が正しくなく、上下の分が厳格でなければ、尊いことと卑しいの区別が分からなくなり、強いものが弱いものを凌ぎ、数の多いものが少ないものを挫く、そうであれば国家が亡ぶ日はそう遠いことではありません、おおよそこのような意味かと思います。『正名論』の論理は司馬光の『資治通鑑』の名分論を根拠としているとされていますが、それを踏まえながらも換骨奪胎してわが国の有り様を模索したものといえるでしょう。

第一段の冒頭に説くところは、次の第二段にもみえていますが、直接には『論語』をふまえております。『論語』の子路篇にみえていることですが、子路が孔子に尋ねます。もし衛の君が先生（孔子）を信頼して、先生に政治を委任されたならば、第一にどのようなところから手を付けられますかと。これに対して、孔子は「必ずや名を正しましょう」と答えます。子路は即座に、先生それはいかにも迂遠ではありませんか。他にもっと緊要なことがあるのではありませんか、と迫るのです。孔子はさらに答えて、名を正すことをしなければ一切が始まらないことを諄々と説いていきます。要するに、政治の根本は名を正すことにあるのだ、ということであります。それぞれの立場において名分を正すということです。続いて孔子が春秋を作ったことにふれ、「天に二日無く、土に二王無し」と引いています。そして古今の治乱の跡を考えていますが、いわゆる湯武革命について述べています。これが中略しました第二段の部分です。

次に第三段です。漢土から一転してわが国についての考察です。

赫赫たる日本、皇祖国を開き給ひしより、天を父とし地を母とし、聖子神孫世々明徳を継ぎ、以て四海に照臨し給ふ。四海の中、之を尊んで、天皇と曰ふ。八州の広き、兆民の衆《おお》き、絶倫の力、高世の智有りと雖も、古より今に至るまで、未だ嘗て一日として庶姓の天位を奸《おか》す者有らざるなり。君臣の名、上下の分、正且つ厳なる猶ほ天地の易ふ可からざるがごときなり。是を以て、皇統の幽遠、国祚の長久、舟車の至る所、人力の通ずる所、殊庭絶域未だ我が邦の若《ごと》き有らざるなり。豈に偉ならずや。

「赫赫《かくかく》」というのは光り輝くさまです。天皇のご先祖がわが国を建国されましてから、天を父とし地を母として皇祖のご子孫がこの国を受け継ぎまして四海（天下）を見守っておられます。そこで尊んで天皇というのであります。わが国は広く、民も多く、優れた知恵者もおりますが、古より今日まで庶民が天皇の位を犯すことはありません。このことは君臣の名や上下の分が正しく厳格であり、天地が易ることがないのと同じであります。でありますから、皇統は幽遠であり、天皇の位は永遠であってわが国のようなことはどこにもないのであります。これは誠に偉大なことではないでしょうか。このように、わが国について説き始めています。

文中の「舟車の至る所、人力の通ずる所」は『中庸』という書物にみえていますが、舟や車のゆきつくかぎり、人の足の通れるかぎり、ということです。岩波の思想大系本には「中庸三十一章」にみえることが注記されていますが、これは朱子によるものです。『中庸』の章立てにはいろいろな説があります。例えば、岩波文庫本によりますと第十八章に当たりますので、大系本の注記は不親切というこ とにならざるをえません。ついでに申しますと『論語』とともに『中庸』は水戸学派では大変重要視された書物です。

次いで第四段では、その後の歴史に言及していきます。藤原氏から徳川氏までに及んでいますので少し長い段落となります。

然りと雖も、天下の生や久しき、世に治乱有り、時に盛衰有り。中葉以来藤氏権を専らにす。其の幼主を輔くる、号して摂政と曰ふ。然れども特《ただ》に其の政を摂するのみ。其の位を摂するに非ざるなり。政を天子に還し奉るに及んでは、則ち号して関白と曰ふ。万機の政、其の人に関白するなり。是れ皆上の命じ給ふ所、敢て僭号を為すに非ず。而して天子垂拱の勢亦由来あり。鎌倉氏の覇、府を関東に開きて、天下の権専ら焉《これ》に帰す。室町の覇、輦轂《れんこく》の下に拠りて、驩虞《かんぐ》の政、以て海内に号令し、生殺賞罰の柄、咸く《ことごと》其の手に出づ。威稜の在る所、加ふるに爵命の隆んなるを以てし、傲然尊大、公卿を奴視し、摂政関白名有りて実無く、公方の貴き、敢へて其の右に出づる者無きは、則ち武人の大君たるに幾《ちか》し。豊臣氏天歩艱難の日に当り、身匹夫より起こり、覇主の業を致し、天子を挟んで以て諸侯に令し、長策を振ひて以て域中を駆使し、遂に藤氏関白の号を奪ひて之を有つ。其の強虣《きょうぼう》既に此の如し。而も猶ほ臣礼を執り、以て皇室に事へ、敢へて自ら王と称せざるは、名分の存するを以ての故なり。名分の存する所、天下之を仰ぐ。強覇の主、西滅東起して、而して天皇の尊、自若たり。東照公戦国の際に生れ、干戈を以て海内を平定し、残に勝ち殺を去り、皇室を翊戴《よくたい》し、征夷大将軍を以て東海に奠居《てんきょ》し、四方を控制し、天下を鎮撫す。文子文孫、世々先烈を光し、尺地一民帰往せざる莫し。君臣の名正しくして、上下の分厳なり。其の至徳たる、豈に文王の下に在らんや。

一行目の「生」は「治」となっているテキストもありますが、「治」のほうが意味がよく通るように思われます。中葉とありますが、中世と同じです。ただ今日の意味する中世とは異なります。大体仏教伝来以降を意味します。世には治乱盛衰が多いけれども、藤原氏が政権を担って幼い天皇を補佐しました。これを摂政といいます。注意すべきはその後に天皇の位を摂したのではない、と述べていることです。その位を犯したのではなく政治を担当補佐したのだ、ということです。天皇が成長されてからは政治を返還し、その後は関白したのだ、というのです。関白は政治に関わって意見を申し上げるの意です。それは僭号したのではなく、上の命じたもうところだ、というのです。僭号は身分をこえて勝手に称することです。幽谷はそうではなく、天子垂拱だとします。天子は政治を担当されないだけだ、としたわけです。

そして鎌倉、室町の政治にふれ、豊臣氏が匹夫、身分が低いということです。匹夫より身を起こして、いろいろと策略を用いて天下に号令し、暴政だったことを述べています。しかし、それは皇室に仕えたのであって王、すなわち天皇ですが、王を称したのではない。これは名分をよく弁えていた証拠であるというわけです。その後、東照公、すなわち徳川家康が天下を治めまして、その子孫が先祖の遺徳を輝かして平和を保っているというのです。これは名分が正しく上下の分が厳格に護られている故だとして、それは文王の政治にも匹敵するというわけです。

難しい用語もありますが、若干は末尾の語釈をご参照ください。また、とりわけ本会の安見副会長が詳しく考察しておられますので参考としてください（末尾掲載の著書）。

次は第五段です。

古の聖人、朝覲《ちようきん》の礼を制す。天下の人臣たる者を教ふる所以なり。而して天子至尊自ら屈する所無きも、則ち郊祀の礼、以て上天に敬事し、宗廟の礼、以て皇尸《こうし》に君事す。其の天子と雖も猶ほ命を受くる所有るを明かにするなり。聖人の君臣の道に於けるや、其の謹むこと此の如し。

ここは漢土の古典によりながら天子のまつりごとの根本に言及した個所です。それは聖人が定めた道を謹んで行っていくことであったのです。ここにも難しい言葉がありますが、語釈を参照してください。

次の第六段では第五段を受けてわが国の天皇に及んでいます。

而るを況んや、天朝開闢以来、皇統一姓之を無窮に伝へ、神器を擁し、宝図を握り、礼楽旧章、率由《そつゆう》して改めず。天皇の尊き宇内二無し。則ち崇奉して之に事へるは、固より夫の上天杳冥《ようめい》、皇尸戯に近きが若きの比に非ず。而して天下の君臣たる者をして則《のり》を取らしむれば焉《これ》より近きは莫し。是の故に幕府、皇室を尊べば、則ち諸侯幕府を崇め、諸侯幕府を崇むれば、則ち卿大夫諸侯を敬ふ。夫れ然る後に上下相保ち、万邦協和す。甚しいかな、名分の正且つ厳ならざるべからざるや。

さて、わが国は開闢以来、国が始まってから皇統は一姓でこれを無窮に伝えてきました。それは神器のもとに天業を行い、古来の制度や礼式を守って改めておりません。「率由」は古来の制度を守って誤らないことです。天皇の尊いことは天下に二つとありません。それはもとより漢土で郊祀、すなわち天子が都の郊外に壇を築いて天地を祭る儀式のことです。また皇尸、すなわち皇祖の神牌・神像のことで、これを祭るということす。これらと比較の対象にならないほどわが国では君臣の義が明らかであります。ですから、幕府が皇室を尊敬すれば、諸侯（大名）が幕府を敬い、諸侯が幕府を敬えばその家臣は諸侯を敬うことになります。そうして上下の関係が確立し平安が保たれるのです。およそはこのようなことです。「万邦協和」は『尚書』（書経）にみえる言葉ですが、この語の前の「百姓昭明」という語句と合わせて「昭和」の年号が採られていることはよく知られています。そして、冒頭の句を再度繰り返して強調しています。

なお、蛇足ですが、幽谷は『正名論』の執筆以前にこの『尚書』という書物を研究しております。「舜典二十八字考」という論文がそれです。

次が第七段です。

今夫れ幕府の天下を治むるや、上に天子を戴き、下、諸侯を撫すは覇主の業なり。其の天下国家を治むるは、天子の政を摂するなり。天子垂拱して政を聴き給はざること久し。久しければ則ち変じ難きなり。幕府、天子の政を摂する、亦其の勢のみ。異邦の人言へる有り、「天皇国事に与り給はず。唯国王の供奉を受け給ふ」と。蓋し其の実を指すなり。

ここでも幕府の摂政論を展開され、「天子垂拱」を解説されています。異邦の人は明の諸葛元声のことですが、この人の「両朝平攘録」という著述にみえている一節を引用されたわけです。天皇のことは漢土でもよく知られていたのですね。ただ、『正名論』では摂政論を繰り返して述べていますが、これはあくまでも『正名論』の執筆時点での考えです。『正名論』はその題名の通り「名を正す」ことを主題としていますので、最後の第八段の結論の部分が眼目だと考えるべきです。第四段に「而して天子垂拱の勢亦由来あり」と述べていたことは意味深長です。

次は最後の第八段です。

然りと雖も、天に二日無く、土に二王無し。皇朝自ら真天子有り。則ち幕府宜しく王と称すべからず。則ち王を称せずと雖も、其の天下を治むるは王道に非ざる莫きなり。伯にして王たらざるは、文王の至徳たる所以なり。其の王して覇術を用ふると、其の覇にして王道を行ふと曷若《いづれ》ぞや。日本古より君子礼義の邦と称す。礼は分より大なるは莫し。分は名より大なるは莫し。慎まざるべからざるなり。夫れ既に天子の政を摂す。則ち之を摂政と謂ふ、亦名正しくして言順ならずや。名正しく言順ふ。然る後礼楽興る。礼楽興りて然る後に天下治る。政を為す者、豈に名を正すを以て迂なりと為すべけんや。

いよいよ結論ですが、「天に二日無く、土に二王無し」は前にも出ています。省略した第二段です。これは『礼記』にみえる言葉ですが、聖徳太子の憲法十七条にも同じ意味の言葉があります。特に後の「土に二王無し」すなわち天下に二人の王は存在しないというのです。わが国には真の天子が存在しますから、幕府は王と称すべきではありません。たとえ王と称しなくても天下の政治は王道に拠らなければならないとし、文王は西伯にとどまって王と称しなかったことを称えています。王の覇術か覇の王道か、いずれがよいかと問うわけです。当然のことですが、王道を行うのがまさっています。

以下おおよその意味をとってみますと、わが国日本は古来から礼義の国と称しています。このことは『続日本紀』に唐人の語ったところとしてみえていますし、「幽谷随筆」にも抄録があり、幽谷は日本人が自ら君子国と称した例も指摘しています。なお、このことは遣唐使の粟田真人（第八次遣唐大使として大宝二年に渡唐）に関連してのことですが、『大日本史』巻一一三（列伝四〇）にみえています（近年日本に帰化された石平さんは日本こそ「礼儀之邦」だとされています）。礼は分より大きい、すなわち重要であるということはありません。分が名より大きいことはありません。慎まなければならないことであります。すでに天子の政治を摂しておりますので、これを摂政というのであります。名が正しくして言葉が順当となります。名が正されれば言葉が順当でないはずがありません。名が正しく言葉が順当ならば、礼楽が隆盛になるでありましょう。礼楽が隆盛でありますならば、天下はよく治まるでありましょう。政治を行う者にとって、どうして名を正すということが迂遠なことだといえるのでしょうか。概略はこのような意味かと思います。要するに名を正すことが一切の根本であるというのです。

この一節を重視した研究者をご紹介しましょう。ヴィクター・コシュマンという人です。アメリカ人ですが、長いこと日本に留学して日本の歴史を学んだ人です。現在（紹介する著書の刊行時）はニューヨーク州にありますコーネル大学の教授です。コーネル大学はハーバード大学やマサチューセッツ工科大学、あるいはエール大学などと並んで著名な大学です。ノーベル賞の受賞者も多数出ています。このコシュマン教授が『水戸イデオロギー』という著書を刊行しているのです。邦訳は平成十年に刊行ですが、この著書で「名を正す」という項目を設けて言及されています。そこでは「言葉の意味産出的な力に対する構成主義的な強調を再び確認するもの」と意義づけています。幽谷のこの論文、すなわち『正名論』は孔子のこの言葉によって閉じられています。改めて言葉の重さ、言葉の役割を実感することができるのではないでしょうか。このようにみてまいりますと、『正名論』は今日の政治家にこそ熟読していただきたい論文といえます。

『正名論』は名分を厳正にすることが天下を保つというところから説きだし、漢土の聖人の精神に及び、そして我が国の歴史、とりわけ天皇のしろしめす国であることを述べ、藤原氏から武家の政治を批判的（一部間接的ではありますが）に捉え、名を正すことの重要性に論究し、さらに江戸幕府の立場にもふれて、正名こそが政治の要諦であることを繰り返して結論としています。論文の構成も実に見事ですし、しかも義公以来の水戸の思想の骨髄を把握しています。これがわずかに十八歳の、今日でいえば少年の論文なのです。

最後に蛇足を加えますと、幽谷には「幽谷随筆」や「読書雑記」というものが伝えられております。漢文ですが、ともに『幽谷全集』に収録されています。「幽谷随筆」は書き込みの日付によって寛政二年から三年にかけての執筆であることが分かります。だいたい『論語』や『春秋』からの抄録です。「読書雑記」ははっきりとは年代が分かりませんが、内容からしてほぼ同じころではないかと思われます。孔子や『史記』もありますが、主として『尚書』（書経）に関するの抄録と若干の見解を述べたものです。これらをみますと、寛政二・三年、すなわち幽谷の十七・八歳ですが、漢土の古典を渉猟して、それを自らの学問として急速に形作っていく様子が分かります。その結晶が『正名論』として表出されたのだ、と位置づけることができます。もとより、『正名論』が幽谷の学問のすべてではありません。以後、修史すなわち『大日本史』編纂に関連する仕事ですが、これに邁進することになります。

以上をもちまして私の話を終ります。ありがとうございました。

【語釈と参考文献】

殊庭絶域　別世界や人跡未踏の地
輦轂《れんこく》の下　天子の御車の下・京都
驩虞《かんぐ》の政　覇者の政治
強虣《きようぼう》　強暴
朝覲《ちようきん》　諸侯が天子に謁見すること
郊祀《こうし》　天子が都の郊外に壇を築いて天地を祭る儀式
皇尸　皇祖の神牌・神像

上天杳冥　天がはるかで捉えがたく宗廟で皇尸を祭るのが、漢土とは比較にならないほど君臣の関係は明確である

万邦協和　『尚書』の堯典にみえる「百姓昭明、協和万邦」

『幽谷全集』収録「舜典二十八字考」

『正名論』成立の時期　梶山孝夫『現代水戸学論批判』（水戸史学選書）

「正名論」再考　安見隆雄『水戸光圀と京都』（水戸史学選書）

『水戸イデオロギー』　ヴィクター・コシュマン（平成十年邦訳）

注　本章は講演録のため、です・ます調のまま収録した（初出一覧参照）。

補論　「正名論」と「幽谷随筆」との関係

「正名論」成立の前年、すなわち寛政二年に「幽谷随筆」の巻之一がまとめられた。それは末尾に、

余、遊息読書して一得の愚有る毎に、諸の断簡片牘を筆し、一紙嚢と為して以て之に投ず。日を経ることの久しく、其の散逸を恐る。偶々故紙数十張を得て整理し冊と成す。其の紙背に書し、旧稿を録する者、十の四、参じて新たに得るを以て筆に随って援録し、漫に統記無し。瑣語小言、敢えて人に示すに非ざるなり。几案間雞肋に非ざる無きを得るか。此の篇、筆を夏五初四に起こし、続書以て今日に至ると云う。

とあり、最後に「寛政庚戌七夕後一日、一正手記」と記しているところから明らかである。庚戌はいうまでもなく二年であるが、「夏五初四」に起筆し「七夕後一」に成ったというのであるからおよそ三ヶ月ほどの間にまとめたものとなろう。もとより散逸を恐れて旧稿を録したものであるから、それ以前の読書勉強の成果の一端であることは確かである。この巻之一に次のような一条がある。

昔人言へる有り。寧ぞ真の諸侯為るは仮の天子と為すこと無からんと。善きかな斯の言や。鎌倉氏の幕府を関東に開きしより、強覇の主更に興る。天子垂拱して政を大将軍に委ね、久しく仮りて返さず。有りて九州に覇し、海内の民は蓋し驩虞の如きなり。武人は大君と為すに幾し。然れども、神祖の皇統は天地と与に窮り無く、天皇の尊きこと自若たり。将軍の天朝に於ける、未だ

嘗て敢へて其の臣礼を失ふ者有らざるなり。東照公の興るに至るに及んで、宇を東海に相し、諸侯を朝せしめ天下を覇す。而して天子を翼戴し、以て海内に号令す。世世相承け、率由して改めず。是を以て天子は将軍を臣とし、将軍は諸侯を臣とし、諸侯は大夫を臣とし、以て士・庶に至る。凡そ厥の上下の分は秩然として紊るべからず。未だ嘗て是の若く其の盛なる者有らざるなり。豈に東照公の至徳の遺化ならざらんや。独り怪しむ。世の文人、其の、将軍を称して王と謂ふ者、是れ真の将軍を以て贋の天子と為すなり。諸を古に稽がふれば則ち聖人正名の教に背かん。諸を今に徴すれば則ち明君尊王の制と違ふ。吾、未だ其れ何の謂ひかを知らざるなり。

これを一見して明らかなことは「正名論」の要約の感があることであろう。もちろん前年成立の文章が要約であるはずはないけれども、以下具体的に「正名論」にその根跡をたどってみよう。

然りと雖も、天下の生や久しき、世に治乱有り、時に盛衰有り。中葉以来藤氏権を専らにす。其の幼主を輔くる、号して摂政と曰ふ。然れども特に其の政を摂するのみ。其の位を摂するに非ざるなり。政を天子に還し奉るに及んでは、則ち号して関白と曰ふ。万機の政、其の人に関白するなり。是れ皆上の命じ給ふ所、敢て僭号を為すに非ず。而して天子垂拱の勢亦由来あり。鎌倉氏の覇、府を関東に開きて、天下の権専ら焉に帰す。室町の覇、輦轂の下に拠りて、驩虞の政、以て海内に号令し、生殺賞罰の柄、咸く其の手に出づ。威稜の在る所、加ふるに爵命の隆んなるを以てし、傲然尊大、公卿を奴視し、摂政関白名有りて実無く、公方の貴き、敢へて其の右に出づる者無きは、則ち武人の大君たるに幾し。豊臣氏天歩艱難の日に当り、身匹夫より起こり、覇主の業を致し、天子を挟んで以て諸侯に令し、長策を振ひて以て域中を駆使し、遂に藤氏関白の号を奪ひて之を有つ。其の強虣《きょうぼう》既に此の如し。而も猶ほ臣礼を執り、以て皇室に事へ、敢へて自ら王と称せざるは、名分の存するを以ての故なり。名分の存する所、天下之を仰ぐ。強覇の主、西滅東起して、而して天皇の尊きこと自若たり。東照公戦国の際に生れ、干戈を以て海内を平定し、残に勝ち殺を去り、皇室を翊戴し、征夷大将軍を以て東海に奠居し、四方を控制し、天下を鎮撫す。文子文孫、世々先烈を光し、尺地一民帰往せざる莫し。君臣の名正しくして、上下の分厳なり。其の至徳たる、豈に文王の下に在らんや。（中略）而るを況んや、天朝開闢以来、皇統一姓之を無窮に伝へ、神器を擁し、宝図を握り、礼楽旧章、率由して改めず。天皇の尊き宇内二無し。則ち崇奉して之に事へるは、固より夫の上天杳冥、皇尸戯に近きが若きの比に非ず。而して天下の君臣たる者をして、則を取らしむれば焉より近きは莫し。是の故に幕府、皇室を尊べば、則ち諸侯幕府を崇め、諸侯幕府を崇むれば、則ち卿大夫諸侯を敬ふ。夫れ然る後に上下相保ち、万邦協和す。甚しいかな、名分の正且つ厳ならざるべからざるや。今夫れ幕府の天下を治むるや、上に天子を戴き、下、諸侯を撫すは覇主の業なり。其の天下国家を治むるは、天子の政を摂するなり。天子垂拱して政を聴き給はざること久し。久しければ則ち変じ難きなり。幕府、天子の政を摂する、亦其の勢のみ。異邦の人言へる有り、天皇国事に与り給はず。唯国王の供奉を受け給ふと。蓋し其の実を指すなり。然りと雖も、天に二日無く、土に二王無し。皇朝自ら真天子有り。則ち幕府宜しく王と称すべからず。則ち王を称せずと雖も、其の天下を治むるは王道に非ざる莫きなり。伯にして王たらざるは、文王の至徳たる所以なり。其の王して覇術を用ふると、其の覇にして王道を行ふといづれぞや。

右の引用は全体のおよそ半分ほどであるが、「正名論」と全くの同一文字に傍線を付した。さらに同一類似の主張もみられ、しかもそこには「幽谷随筆」の内容を増補敷衍したことが容易に見て取れる。したがって両者には明らかに密接な関係が認められ、「幽谷随筆」を「正名論」の草稿として位置づけることが可能であろう。

なお、『北行日記』にみえる「尊慮の筆記」は執筆の年次月日や内容からして「幽谷随筆」のことであろう。

付記

このような記載内容の対応関係はすでに安見隆雄氏によって指摘されたところであるが（『水戸光圀と京都』）、文字そのものの類似も考慮に入れてよいであろう。やがて後年、その主張は『弘道館記述義』にも継承されることとなるのである。

第八章　藤田幽谷の交遊

一　「戯作」にみる交遊

藤田幽谷が「神童」を以て聞こえたのはもとより生来の資質によることではあろうが、自らの弛まざる努力向上の結果であることをも含めねばならない。さらに加えて当時の水戸藩内には十分であるか否かを問わず多くの人材があった。ここではそのような中で、幽谷がいかにして学問を身に付けていったのか、すなわちその形成過程に迫ってみようとするのであるが、その一助として注目するのが交遊関係である。

まずは、その手掛かりとして『幽谷全集』（幽谷詩纂）に収める「戯作」と題する七言律詩から考えることとしよう。

酔古糟粕の辞に甘んずるに非ず
衣を振ふ柳下相思を寄す
秋天誰か聴く九皐の鶴

春日自ら聞く幽谷の鸝
泥裏の芙蓉池上浄し
蓬中の蘭蕙《らんけい》畹頭滋し
陸沈応に玩ぶべし人間の世
枕石吟ずるに堪ゆ方外の詩

この詩には「戯作」という題のあとに「句中に友人の別号字を用ふ」とみえることからも窺えるように戯れに作ったものであり、それぞれの句のあとに別号や字の解説を割注している。作年代を明らかにすることはできないが、収録状況からすると三十代の作であるかもしれない。なお、九皐《こう》は奥深い沢、鸝《り》はうぐいすの一種、畹《えん》は田の広さや長さに関する語で蘭畹は田に生える蘭、方外は世捨て人のことである。

次に割注をみると、一句目には「木村子虚、酔古館と号す」とあり、木村子虚、すなわち謙次の学問への態度が窺われる。二句目には「丹子成、振衣亭と号す。小沢公平、柳下園と号す」とあるが、振衣は世塵を脱し、志を高尚にすることの意、小沢公平は諱を含章という。三句目には「鶴見伯髦《ぼう》、九皐と号す」とあり、藩士の鶴見平左衛門のことである。四句目には「幽谷は余の居る所なり」とあり、五句目には「小宮山子実は蓮池里に居る」（蓮池は今日の城東の地）とある。六句目には「杉山子方、滋蘭畹と号す」とあり、七句目には「高野子隠、陸沈亭と号す」とあり、八句目には「枕石寺住持西天上人、最も詩を善くす」とある。八句目にはさらに続けて「凡そ、此の諸人は皆余嘗て周旋する所の者にして、交はりに浅深有りと雖も、其の著述詩文は余に寄示する者、各数首、余得て諸を筐中に蔵す。春日暇多し。披玩して自ら娯しむ。因りて聊か此の数句を綴ると云ふ」とあり、作詩の状況が知られる。

二 「川口嬰卿に報ず」にみる交遊

ここにみえている木村子虚・丹子成・小沢公平・鶴見九皐・小宮山子実・杉山子方・高野子隠・西天の八名との交遊には幽谷自らも述べているように浅深はあるが、幽谷の学問形成に大きな役割を果たした人物といえる。

ところで、この八名のうち木村・小沢・高野・西天の四名は太田近隣の在住で「名月帖」と題する詩集のメンバーであって（秋山高志氏『在郷之文人達』）、幽谷もこれらの人達との交遊のうちに文藻を培ったのであろう。

さらに注目すべきはこのうち木村・高野・小宮山・鶴見がいわゆる農政書の著述をものしていることである（『水戸市史』中巻(二)）。いうまでもなく、幽谷には『勧農或問』の著述がある。これらの農政書のすべてが『勧農或問』より成立が早いわけではないが、幽谷の農政への関心形成にとって重要な役割を担っているのではないかと思われる。少なくとも親密な交遊の中に農政への関心が醸成されたことは認められてよいであろう。

さて、この詩にみえる八名のうち「名月帖」と農政書の両方に関与する木村子虚と高野子隠が単純に比較すると重要人物ということになるが、とりわけ子虚は書簡の往復状況からしても極めて重要な人物となろう。幽谷は年少にもかかわらずこれらの友と交遊し自らを鍛錬したといえよう。「戯作」とはいうものの、この詩から幽谷の交遊の心底を察することができると思う。

ところで、寛政六年（二十一歳）の作に「川口嬰卿《えいけい》に報ず」という一文がある。この書は詩書を贈られた際の返書となるが、嬰卿（長孺、緑野と号す。後年、史館総裁に就く）について「詩は則ち声調瀏亮、風流秀雅、文は則ち修辞偉麗、命意高遠、雙珠の美にして蓬蓽照映す」とし、「博学の文章、迹を藩邸に発し、逸気奔騰、高橋子大と並駆周旋す」るものと賛じている。東游（水戸に帰るの意）の折には東里の社（翠軒門）に迎えて芸文を切磋したいとし、東里の門下を紹介するのである。その中に益友として小宮山子実・桜井君節・武石民蔵・鶴見伯髦・杉山子方・高野子隠・木村子虚の七名を挙げているが、桜井と武石以外は「戯作」にもみえている。以下、順次言及してみよう。

小宮山については「篤信して学を好み、言行は一の如し。柔にして亦茹の如く、剛にして亦吐かず」、桜井については「孝謹忠純、醞藉敦厚にして、著作の美は絶等倫を過ぐ」、武石については「沈深して思いを好み、世務に暁通し、褐を被り雌を守り、物と競わず」、鶴見については「豪毅高邁、細節に拘わらず、行行して人を兼ね、敢為に勇む」、杉山については「華して実有りて文は質を滅せず。円機善動、略凝滞無し」、高野については「雍容閑雅、優游迫らずして麗藻彬彬、風賦に妙」、木村については「穫を貧賤に隕さず、詘を富貴に充てず、外は狂簡に託し、内は忠信を主とす」としている。全員が年長であり、居処も異なるが、切磋研究する所は「徳を進めて業を脩むる要」であって「古に通じ今を知るの術」でないことはなく、「芸に游ぶの暇に、彼唱し、我和す」ことは楽しみである、と述べている。このような紹介をみれば、この七名は幽谷にとってかけがえのない友人であったといってよいであろう。

三　西天の「興孝社題名記」

常陸国久慈郡上河合村の枕石寺（真宗）は義公光圀ゆかりの寺であるが、その住職であった釈西天（元文四年〜文化七年）に「興孝社題名記」という文章がある（秋山高志氏『在郷之文人達』、木村謙次「磵《かん》詩集」に収録という）。全文は次の通りである。

我が水戸の邦は、西山公大いに学術を興してより以降、上下清明の化に浴する者茲に年有り。今公、寛く仁の及ぶ所、客歳育子の命下りて、闔国《こうこく》の民大いに之に従ふ。厥《そ》の後、立淳美に命じて郷里の教授と為す。是に於いて、閭巷、聖経を講じ、軽浮華靡の旧は一洗を染む。実に是れ、国家の仁沢ならんや。栗里宇野氏弥三兵衛、深く国恩を感ずる有り。来りて余に謁し聖経を講授せよと。余、固辞して充《あ》たらず。遂に請ひに応じて其の舎礼に到る。講ずる所の書は則ち朱註大学なり。此より以往、将に以て論孟詩書に及ぶ。夫れ、孝悌忠信の道は須臾《しゆゆ》も離るべからざるなり。肆学記に曰く、古の教は家に塾有りて之を教ふるに人倫を以てすと。陳氏曰く、聖人の道は人倫のみ。善きかなと。宇野氏の、謂ふべきを求むる、其の志は甚だ厚し。維れ、正月の吉、余、恭しく按ずるに、賢伝の社に名づけて興孝と曰ふ。是に於いて、一冊子を作る。勤め来り会する者の姓名、聊か備ふるは相切劘《せつま》するの一端なり。興氏曰く、人の直有るや、飽食暖衣、逸居して教無ければ、則ち禽獣に近しと。凡そ社盟の子弟は、自暴自棄を安ずる勿れ。寛政四年壬子春王正月十八日、興孝社の講読心隠子西畏天、謹んで題す。

西天は水戸藩内では立原翠軒・小宮山楓軒・木村謙次・高野子隠・大内玉江などと交遊があった。玉江には「枕石詩集序」という一文があり、西天の人となりを窺うことができる。一言にしていえば僧侶であって儒者となるが、詩文や書を善くし、また人倫風教の維持に努めた人物である。書について付記すれば、武公治紀から「筆海自在」の名を賜わったという（野上平氏『水戸藩農村の研究』、筆海は真幸筆海のこと）。

この文章では冒頭に西山公の遺徳を述べ、それを継承する人々の行動にふれて仁恩を説いている。若干の語釈を試みよう。「西山公」はいうまでもなく義公光圀のことである。「客歳」は去年、「闔国」は国内、水戸藩のこと、「閭巷」は民間やむらざと、立淳美は太田の立川淳美で、客歳の寛政三年に「育子訓」（秋山氏前掲書に収録、他に野上氏前掲書）を著わしている。「栗里宇野氏」は久慈郡栗野村の里正、「朱註大学」は朱子の注釈による大学、「論孟詩書」は『論語』『孟子』『詩経』『書経』を指す。「肆学記」「陳氏」「興氏」については未詳であるが、「興氏曰く」の内容は『孟子』にみえるところである。「切劘」は切磋の意、末尾の日付にみえる春王は『春秋』の記載に倣ったものであろう。

文意は宇野氏の試みに応じて西天が風教の維持のために古典を講じた経緯について述べたものであるが、いわばそのための参加者名簿を作成し、その塾名を「興孝社」と命名していたのである。

それでは西天とはいかなる人物であったろうか。玉江の「枕石詩集序」によれば、みずから「儒仏兼備」といい、また「釈中之儒」と称したという。昔、京都に遊び、仏儒を学んだ後故山に帰った。詩文を善くし、その作すところは数巻、未稿も在った。玉江のみるところ唐明の体であってその校正を託された。校閲すれば、機軸の卓越、格律の厳正にして不滅の詩というべきであり、儒師の伊東藍田翁（徂徠学派、豊後日出《ひじ》藩に仕官。秋山氏前掲書によれば原南陽門の大島玄瑜「揮麈雑話」に西天を紹介して「藍田先生の門人にて詩は上手也」とみえる）は雪中の芙蓉と評したという。その資性は淡泊であって陶靖節（淵明）の人となりを慕い、富貴利達や貧賤陋苦を超越し、酒を把りて懐を述べ、笛を吹いて情を放つ。親には孝を、朋友には信を尽くし、郷土の誇りを顕彰した。その他はこの文集を読んで知るべきであるとしている。病を得て寂した時六十一歳であった。

宇野氏の要請に応じたことや豊後国の二孝女を顕彰したこと（豊後国の二孝女研究会編『豊後国の二孝女』）はその実践として高く評価されるべきであるが、それはまた義公光圀以来の流風善政を証するものでもあろう。

四　幽谷の「釈西天に復す」

若き幽谷に「釈西天に復す」という一文があるが（『幽谷遺稿別輯』収録）、読み下して掲げてみよう。

伏して来書を読む。意気慇懃にして方外の交、亦猶、膠漆《こうしつ》の契有るごときは然り。九月九日、三木君の含暉楼に邂逅す。是、傾蓋《けいがい》の期と為す。此の時に当たり、離坐し腕を搤し談笑すること終日、其の有する所は菊花酒と筆硯とのみ。師、不佞に謂て曰く、佳期再会し難し。昔在唐の王子安、滕王閣《とうおうかく》の序を作る。既に奇なり。今、童子と此楼に邂逅すること亦奇なり。若し童子、之の序を作れば則ち益々奇なり。無れば乃ち子安に倣はんか。吾亦、将に賦を作らんとすと。不佞、其の長者に負ふを恐る。乃ち諾して、筆を舐め墨に和す。適々三木君向山の役有るに会ひ、卒卒として辞去す。故に此の事以て意を為さず。しかのみならず、資性不敏にして、一辞以て前言を償ふ無し。今、来書を読む。則ち曰く、将に童子に示すに賦を以てせんとす。童子、亦当に序有りて吾に示すべしと。是に於いて、不佞、益々其の長者に負ふを恐るるなり。而して不佞を以て之を観れば、不才の文を属すること、固より容易に非ず。且つ之の序を作らざること、微意の存する有り。惟、師、之を察せられよ。請ふ、過ちと為す勿れ。幸に師の賦は示為るを以てす。一鳳堂夙題三首、聊か鄙辞を綴る。以て筆削を待つ。嗚呼、下里巴人の詠、何ぞ陽春白雪の調を望まんや。然りと雖も、二三の君子、之を裁すれば則ち切磋の功、焉《これ》に過ぐる莫し。若し夫れ風流の称、則ち吾豈に敢せん。二三の君子の裁、切磋の功有れば則ち常陽一狂童と称す。亦憾み無し。尋ねて之を思ふ。頃者《このごろ》、不佞、師に贈るの詩、殊に転句語を成さざるを覚ゆ。請ふ、筆削を加へ、余りに面晤有らんことを。不備。

幽谷十四歳の作である。この年すなわち天明七年に西天は四十九歳であったが、少なくとも幽谷はこの書簡以前から面識を得ていたのであろう。文意を取れば西天から文章（ここでは序）を求められたのであるが、それを遠慮してようやく詩を以て応じ、添削を願ったわけである。多少の語釈を加えると、「膠漆」はかたく親しい交わり、「傾蓋」は初めて会ってすぐに親しくなる、「卒卒」はあわてていて落ち着かないの意、「師」はいうまでもなく西天を指す。「一鳳堂」は木村謙次や大剛隆豊（天林村の僧）の題詞にもみえており（秋山氏前掲書）、高野昌碩の邸宅という（野上氏前掲書、杉田雨人氏『木村謙次』は「一鳳主人子隠」の記載と原南陽の門人帳にみえる「紹介、木内玄考、太田西町高野昌碩、名鳳、字伯翼、陽州久慈郡太田邑人、高野三友男」との一条を紹介されているが、秋山氏前掲書所引と比べると若干の誤植がみられる）。「下里巴人」は教養のない田舎人のこと、「陽春白雪」は高尚な詞曲をいうが、いずれも古典をふまえている。

文中にみえる王子安は初唐の詩人である王勃を指すが、若くして亡くなった。赴任の途中に滕王閣で作った序（『古文真宝後集』収録）で知られており、含暉楼をこの滕王閣になぞらえたのである。遺憾ながら三木君及び邂逅した楼について詳細を明らかにすることができないが（『幽谷詩纂』に収める七言絶句には「三木君社中兼題」と附記した題詞がみえる。また後年の作である「戯作」と題する七言律詩はすでにふれたが、その結句で西天にふれている）、十四歳の幽谷の才を示して余りある文章といえる。西天もまた幽谷の育成に与った人物としてよいであろう。

なお、幽谷は先輩である木村謙次を「釈西天と相似し、之と均しき才子なり」と評した立原翠軒の言を引いているが（「木村子虚に答ふ」）、いうまでもなく謙次は西天と交遊があった。また謙次や西天は実原という僧と交遊しており、西天には「実原禅師の相馬に帰るを送る」と題した七言律詩があるが、幽谷も求めに応じて「浮屠実原師を送るの序」という一文をものしている。寛政八年の作であるが、末尾に「其の初めに相見るより今に七年、而して余の学は未だ少しも進むを加へず。師其の荒怠を面責せずと雖も、或る時微に其の意を見る。余深く之に感ず」とみえるので、実原もまた幽谷には密かに期するところがあったのであろう。

蛇足とはなるが、古河古松軒の『東遊雑記』天明八年十月十五日の条に「赤水先生兼ねて申されしは、熊之助十三歳より詩作文章に巧みなり。草稿もなく筆を取るより思ひ文を連ぬ。平生の人の書状を書くがごとく、予が弟子に稀なる奇童なり。中華の王勃十三歳にて滕王閣の文を書す。熊之助遙かのちの世に生れて、王勃にも劣らぬ奇才なりと感ぜられしなり」とみえるので、識者の王勃への注目が窺われる（古松軒との会見は『幽谷遺談』にも抄記されている。なお、熊之助は幽谷の幼名）。

五　桜井安亭との交遊

藤田幽谷の『二連異称』には桜井安亭（寛政二年入館、字は君節、龍淵と号す、立原翠軒の門人）の跋文が付されている。跋文を書いたのであるから、幽谷と親しい間柄であったことは推測されるが、いったいどういう人物だったのであろうか。まずは跋文を意訳して掲げてみよう。

この編著は友人藤田子定（幽谷の字）の著述である。服喪中に礼記を読み感ずるところがあったが、読んで泣かない者は孝子ではない。ことし、癸丑（寛政五年）の冬、子定はすでに喪が明け、たまたま私の家に立ち寄った際に、話がこの編著のことに及び、私に跋文を依頼された。すでに小宮山子実氏の序が備わっており、その主旨は尽くされていたので、私はどのような言辞を加えればよいのであろうか。思うに、律令が行われなくなってより、一年の喪はその名があってもこれがよく行われることはない。ましてや三年の喪であればなおさらである。葬儀を終えて二ヶ月も経たないのに、酒を飲み肉を食らい、女を嫁し婦人を娶っている。この慣習は日常となり、恬としてこれを怪しまず、風俗の頽廃は極まっている。子定は慨然として服喪に際しては時宜を考えて実践した。宴会を避け、慶弔を辞して詩文を作らず、三年の喪を終えた。願うところは名教が衰えた俗世間でも維持されることである。長い歴史の中に、よく三年の喪を実践した人物を求めると、正史、野史、民間の書物に記すところは僅かに数人にすぎない。古の道に従うといっても、今は軽薄で軌範を守る子孫は少ないのであろう。恐らくは、これに止まらず、史書の不備で伝わらなかったのであろう。ここに子定がこの編著を成した理由がある。ああ、世にこの編著を読んで奮発興起する者があれば、国家の治化において決して小事というべきではない。子定は名を一正といい、幼きより立原伯時先生の門に学び、長じて道に通じ、その才と見識は今の世に比べるものがない。史館の編修と為り、私と世情を論じ、慷慨し涙を流すのは憂国の誠からである。この編著に、またその一端を見るべきであろうと思うのである。

この跋文をみれば、桜井がいかに幽谷と思いを同じくしたかが知られるが、これに加えて秋山高志氏の『郷土文化』第五十五号（平成二十六年三月）に「文人桜井龍渕について」（後『水戸の文英』に収録）という一文によって、その人となりを知ることができる。そこで、秋山氏が紹介される小宮山昌秀（楓軒）の「居易堂遺稿跋」という文章を取り上げてみよう。居易堂は桜井の別号である。以下、読み下して掲げよう。

吾が友桜井君節、歿すること三年、予、其の従女兄大竹子虚の家を訪ひて、其の遺稿若干篇を得る。嗚呼、君節は志操清潔にして世と群せず。其の友とする所は篇中の屢々数人なるのみ。特に予と善くす。相会する毎に談論咎の移るを知らず。語時事の非に及ぶや、未だ嘗て長大息せずんばあらず。其の憂国の誠は天性然りと為す。而れども多病にして身に在りては終に用いる所無し。其の持論は正確、識見は高邁にして、志は苟も屈せず、道は苟も枉《ま》げず。晩年は文官を辞して教授を職す。居易堂は桃源の室、以て其の志を視るに足らん。惜しいかな、天、年を仮さずして盍焉として歿す。誰か言はん、万なる者は死し、万ならざる者は生すと。今、此の篇に対して潸然として涙下するを覚えざるなり。君節には後無く、予、其の散逸を恐れ、編次して輯録す。以て諸を一二の知己に伝えんと欲するも、謀持せざるなり。其の詩の如きは、則ち菊池伯斐嘗て輯録して二冊と為す。此の集、亦、頗る子虚所蔵の遺篇に収むると云ふ。

文化六年己巳夏六月　楓軒小宮山昌秀識す

楓軒が翠軒の同門であり、すでに『二連異称』に序文を寄せていたのであるから切磋の友であったことはいうまでもないが、「志操清潔にして世と群せず」とし「持論は正確、識見は高邁」で「志は苟も屈せず、道は苟も枉げず」と記すところからは、桜井の人となりが明らかとなる。また、桜井が「憂国の誠」を持った人物であることをも伝えているが、それは桜井が幽谷を評した言辞でもあったから、若き両者に共通する思いとして捉えることができよう。それとともに子実を加え、さらには大竹親従（寛政五年入館、後総裁）や菊池伯斐（武貞、寛政六年入館、人となり謹慎好学、博く典籍に渉る）の存在も桜井の交遊にとって忘れてはならないであろう。

楓軒は『楓軒偶記』（文化四年の序あり）巻三に「桜井通郷与予深ク親ミ善シ、志操清潔ニシテ世ニ群セズ。最能詩賦好筬策、惜哉早歳ニシテ没セリ。立原翁為之墓銘ヲ作ル」とも記し、墓銘を掲げているが（『日本随筆大成』第二期の第十九巻）、また翠軒には「桜井生遺墨跋」という一文も知られている（秋山氏前掲書)。

先友桜井生、志操の高きこと、天知り地知る。予、子実と固より之を知る。頃《このごろ》、子実其の手沢の詩を得て、其の意に感じ、命の短きを悲しむ。予に其の後に題せんことを請ふ。観る者或いは生を知り、当に此の悲感を共にすべし。文化七年二月八日

やはり、この短い跋文からも桜井の志操が高く清潔であったことが窺えるが、生来の多病で歿した時、四十歳の壮年であった。翠軒の墓銘には「志は経済に存す」ともみえているところからすると、幽谷とも通ずるものがあったであろう。幽谷には多くの封事が知られ、『勧農或問』の著述があるからである。

幽谷が「川口嬰卿に報ず」という一文に、益友として小宮山子実・桜井君節・武石民蔵・鶴見伯髦・杉山子方・高野子隠・木村子虚の七名を挙げ、桜井については「孝謹忠純、醞藉敦厚にして、著作の美は絶て等倫(同じ身分の仲間)を過ぐ」と評していたことはすでにふれたが、その評価は『二連異称』の跋文や楓軒と翠軒の言及によっても十分に実証されよう。

なお、『幽谷詩纂』には寛政二年の作であるが、桜井の「同僚諸子に贈るの作」に和した五言古詩が収められているから早くから交遊があったものと思われる(他にも関連の五言律詩が確認される)。

六　翠軒門下としての桜井安亨

青山延于の『文苑遺談』によれば、桜井は温厚謹慎、文辞を能くし、詩に長じ、長久保赤水はその詩を見て水館第一と称したというし、彰考館編修、後に教授、さらに副総裁となったが、副総裁を置いたのはこれが始めであったとのことである。

赤水の評価に関連して、柴野栗山の書簡を紹介しておこう。栗山は讃岐の高松侯に仕え、後に幕府の儒官となった人であるが、翠軒や赤水と親しく交遊した。

先日恩借仕候、程赤城書牘及び桜井生詩文返信仕候、永々留置忝奉存候、桜井生さてさて感心致候事に御座候、是等の奇才出候事誠に御藩邸の御国瑞と奉存候、何卒上よりも御声掛り追々学業成就いたし候様に仕度事に御座候、ケ程の才器沢山に有之物には無之候、おしき物に被存候、御同僚中に仰合候て被仰立可然被存候、四月九日

この書簡は前田香径氏の『立原翠軒』に引くところであるが、奇才といい国瑞（国の玉、宝）というのであって、桜井の才を高く評価していることからして赤水の評価を裏付けることができる。また、同書には「彼は翠軒の致仕を不当として、高橋と藤田の所為に憤慨し史館編修総司渡辺半助に上書して物議を招き館職を罷免された。史官に推挙された翠軒の門人たちは師恩を忘れて多く叛旗を翻したのに安亨はひとり旧誼を重んじ、権威を恐るることなく建白している。その毅然たる態度には好感が

もてる。」とみえるが、小宮山や桜井が幽谷の破門に対して師への取りなしを図ったことにもふれている。高橋広備と幽谷が『大日本史』志表の編纂をめぐって翠軒と対立し、翠軒が致仕したことに対して桜井が不当として上書したことによって免職となったというのである。

ところで、吉田一徳氏はこの対立について次のような関連史料を紹介されている（『大日本史紀伝志表撰者考』余論第二章第四節）。享和二年十一月四日の幽谷宛て高橋書簡の一節である。

志表補修之義桜竹二生より願書指出候由大に御尤千万奉存候。惣裁にも呑込まれ候由左様可有之筈に候（圏点はママ）

吉田氏は立原総裁が主張した志表廃止が世論に逆行する根拠として援用し、「桜竹二生」が桜井と大竹、「惣裁」が立原を指すことは言うまでもないとされる。要するに立原派の桜井と大竹が立原総裁が主張した志表廃止には反対したというのであるから、事情は極めて複雑といわざるをえない。さらに、高橋と幽谷が主張した論賛削除には桜井と大竹は反対しているのであるから尚更である。

ついでにいえば、小宮山も志表廃止には反対していた。したがって、事は個別に判断することが必要であるが、とりわけ志表廃止が義公の意思にそぐわないのではないかとの思いは翠軒門下にも根強く存在したのであるから、その辺の事情をふまえてこの対立を考えなければならない。ともかく、桜井は諸般の事情を含みながらも、師翠軒が史館から去らねばならなかったことには肯んじなかったのであろう。吉田氏がその辺を勘案しながら、立原総裁の私事に対する極めて厳格な対応にも言及されていることをふまえる必要があろう。そうであれば、前田氏が「翠軒の門人たちは師恩を忘れて多く叛旗を翻した」（先の引用部分）というのは一面的にすぎるのではなかろうか。高橋はともかく、幽谷が義公意思の把握の結果として師翠軒の主張に反対したことを理解しなければならないと思われる。「旧誼を重んじ、権威を恐るることなく建白」したことに桜井の人となりを窺うことはできようが、恐らくは桜井も師弟の対立に心を痛めたことであろう。

なお、後年に桜井が論賛をめぐって幽谷と意見を異にするのも、翠軒の学問とその教導に原因を求めるべきかもしれない。いずれにしても、門人に対する翠軒の教導の至らなかったことが惜しまれるのである。

第九章　藤田幽谷における義公観の形成

はじめに

かつて、瀬谷義彦氏はその著『水戸学の史的考察』（昭和十五年刊行）において幽谷学の概念を次のように規定された。

義公精神の復活者としての、藤田幽谷の学問思想を概観することは、聴て、彼を中心として展開されるであらう後期水戸学（復活期）全般を理解することであり、更に天保時代の華々しい水戸学（完成期）の基礎を了解することになるであらうとの立場より、茲に一生を通じての、彼が抱懐し表現せる学問思想

そしてさらに、

無論幽谷学なる概念は、所謂宣長学、或は素行学等の概念に対しては、その表現としての著書に於て遙かに少なく、体系に於て猶整備せざる感もあらうが、学問の深さを決定するものは著書でもなく外面に現はれた体系でもない。幽谷の行状に現はれ、その包蔵せる所の思想を、幽谷学

の名を以て表象することは、決して不都合ではないと思ふ。

とも付加されている。

また、名越時正氏は『水戸学の研究』（昭和五十年刊行、収録論文の初出は昭和三十六年）において「幽谷学形成の由来」を詳細に跡付け、前期水戸学派との関連にも考察を加えられている。以下、筆者は両氏に導かれながら、幽谷学の本質を義公精神の復活という視点から考察してみたいと思う。それは早くから天賦の才を認められていた幽谷の義公観はいかなるものであったのか、またどのように形成されたのか、を探ることである。

瀬谷氏が引用の後段でふれられているように幽谷学には体系の未整備がみられ、あるいは著書は少ないかもしれないが、年少期からの詩文があり、就中その思想形成をたどることができる文章（論文）がかなりの数にのぼる。『幽谷全集』（以下、全集と記す）に収める文章を丹念にたどりながら、義公精神の復活、それを義公観の形成という観点から考えてみようというのが本論の意図するところである。

一　十四歳の幽谷

幽谷は十三歳の時に認めた「赤水先生七十寿序」を契機として長久保赤水により神童として各方面に吹聴されて以来、天賦の才を発揮して漢土の古典を渉猟しつつ自らの学問を積んだ。もとより、その学問はわが国の歴史の神髄を把握することを根幹としたものであった。とりわけ、水戸藩領に生を享けて、彰考館に採用されたことが大きな飛躍の契機となった。しかも、周囲には長老たる赤水や英傑木村謙次、師立原翠軒などがいて幽谷を導いたのである。それは藩内ばかりではない。頼春水、高山彦九郎、蒲生君平、太田錦城などとも交わったことは少なからぬ影響を与えたのである。就中、大きな役割を果たしたのは彦九郎であった。このような人的環境をみれば、学問的環境は整っていたようにみえる。しかし、それだけで学問は進まない。幽谷の学問には義公精神を把握したことが根幹にある。それなくして学問とはいえなかったし、学問形成は義公観の確立そのものであった。

　全集に収める文章のうち最も早く義公にふれたものは「高野子隠に与ふ」であるが、天明七年三月五日の作で、時に幽谷は十四歳であった。高野は此君堂の門下で通称を昌碩といった人である。当時太田に在し、年は二十八歳であったから相当の年長だった。友の誘いに応じて太田を訪れることができたのは幸いであったが、直接に西山の余光を拝することは適わなかった。後半部を掲げよう。

　然れども西山の遺美を尋ね桃源の余芳を探る能はず。今に憾みと為す。（中略）嗚呼、先公勝地に隠るる者は蓋し在昔の群賢を慕ふなり。余の、当時の美芳を尋ね探らんと欲する者は、亦先公の逸遊《いつゆう》を欽慕するなり。苟も目を桃源の天朗に遊び、懐に西山の気清を聘するを得れば、則ち桜桃の花は謝落し、尽く塵と為す。

　ここに義公への欽慕の情を窺うことができるが、まだ具体的とはいえない。本格的な義公精神探求の志向は翌年を待たねばならなかった。それは十五歳の彰考館入館を重視するからである。確かにすでに神童の片鱗は表れていたが、義公創設するところの彰考館に入って義公精神の一端にふれたことが契機となったことは容易に推察されよう。筆者は十五歳から十八歳までの三・四年の間に幽谷の学問がほぼ形成され、そして二十四歳までには確乎たるものにまで高まったと考える。その形成過程は後期水戸学の発生の助走期間であり、義公回帰の経過そのものといえよう。

二　十五歳の幽谷

義公精神の具体的探求は十五歳の「伯時先生に呈す」に表れる。伯時というのは立原翠軒のことであるが、入館間もない幽谷が師に自らの思いを披瀝した一文である。まずはその主張をたどろう。

今茲《ことし》の春、先生の薦挙を頼み、彰考館の諸君子の後に従いて遊ぶを得ん。小子の栄、焉《これ》に甚しきは莫し。時より厥《そ》の後、忽忽として五月を踰《こ》ゆ。毫釐《ごうり》事業を以て先生に報ゆべきなり。則ち小子の如きは実に本館の贅瘤と為し、二口の俸を徴すると雖も素餐するのみ。何の面目を以て先生に見ゆるか。小子竊に企て思ふ所有り。

入館五ヶ月余りの自らの境遇を顧みながら思うところを先生（総裁）に開陳しようとするわけである。それは彰考館の意義を考えるものであった。「蓋し、彰考館は西山公の史を修むる為に設くる所なり」として編纂の現状にふれながら、続編編修の決意を述べる。西山公は前世遺書を求めて孜々として止まなかったが、今それは蠹魚《とぎょ》の餌に供していることを悲しまないわけにはいかないとし、潜鋒先生の

『倭史後編』は良史であるが議論多く事実は省略されている憾みがある。自らの不敏をも顧みず、応永以来のことを纂疏するために先生にお願いする、というのである。それは書庫蔵本の借覧に関して、

小子本館に入る毎に文庫の書を取りて之を閲す。而して其の書の多き、固より一見の能く尽くす所、一読の能く記す所に非ざるなり。且つ本館の故事、総裁の命に非ざれば、則ち書を借ること三部に過ぎず。而して写本なれば則ち之を許さず。小子以為らく、朝廷国史の設廃より以来、史伝の信を取る所、当時の実録に在り。実録は則ち家乗に在り。家乗の書は即ち西山公の、諸を搢紳世家に得る所の者は皆写本なり。本館は以て神秘に比す。海内見る有るを希ふの者は、是其の他の本館に及ばずと為す所以なり。

と現状を指摘して自らの念願を披瀝する。

小子竊に焉を概ふ。孟浪の言、躬《み》の逮《およ》ばざるを恥とするに遑あらざるなり。冀はくは先生小子の進取を仮借し、以て狂童の故態と為せば則ち幸甚なり。

要するに幽谷は史館の閲覧緩和を翠軒に願い出たのであるが、それは続編編修のためとはいうものの、義公の修史を自らも担おうとする気概の表明であり、館員としての自覚でもあったということができよう。

この十五歳は自らの自覚ばかりでなく、長久保赤水が藩主への口上書に、志学の童子ではあるが荻生徂徠や太宰春台の見識よりも大いに上に出る事は和漢に稀なる奇談とし、「是れ即ち義公の御文化

の御遺風より生れ来り」と推奨したことにも注目しなければならないであろう。

その後、彼は赤水も含めて原子簡、小宮山楓軒、高橋子大、木村子虚、綿引総裁などと学問的論争を通じて着実にその力量を向上させていくが、義公修史の神髄に迫るのは十七歳である。その実際を「松江盧先生を悼むの詩序」から窺ってみよう。松江盧先生とは医者の鈴木玄淳のことで、赤水の命によって作られた七回忌追悼文集の序であり、長先生(赤水)と並べてその志操を讃えた一文である。本題との関連では次の一節に注目しよう。

西山先公、躬ら仁義を被服せられ、詩・書・礼・楽を以て封内を鼓舞す。士大夫は翕然《きゆうぜん》として之に嚮《むか》ふ。又、数十年の久しき、流風余沢、闔境《こうきよう》を浹洽す。遠く草莽の民に及ぶは是於けるか。常山の北、僻陋の邑に風を聞きて興起する者有り。其の赤水の浜に居る者を長先生と曰ひ、其の松江の上に居るを盧先生と曰ふ。二先生の相友は善きなり。

二先生すなわち松江と赤水の出現を西山公の流風余沢とし、さらに、

蓋し、長先生の、盧先生と一貴一賤、一生一死、而して交情の厚きは自若たり。長先生の賢は自ら能く此の如くと雖も、然るに西山公は仁義の造化にして以て之に使ふ有るなり。常山の北、樸魯の民は、猶、能く歌詩を善くす。西山公の詩書の教は、亦、是に於いて験なり。

と西山公との関連に及び、常州に浸透した文化の発露として捉えている。

この年にはさらに重要な一文をものしている。すなわち「原子簡を送るの序」である。この文章は

原子簡が江戸に行くに当たっての餞の一文であるが、極めて注目すべき内容が記されている。文は孔子の『春秋』を論ずるところから始まり、後半に義公の修史に及び、その本質に迫っている。修史の眼目を論ずるところでは、

我西山先公、嘗て是非の迹、天下に明かならずして善人の勧むる所無く、悪者の懼るる所無きを憂ふ。乃ち慨然として大日本史を修む。上は皇統の正閏を議し、下は人臣の賢否を弁じ、帝室を尊んで以て覇府を賤しめ、天朝を内にして以て蕃国を外にす。

と叙し、それを「蓋し聖人経世の意にちかからんか」と意義づけたのである。幽谷は年長の友に対して「先公の志」は後世の君子に竢つと説くのである。末尾にはまたいう。「子簡の事に従事するは日本史の業、而して日本史は乃ち先公の心を隅するところ、春秋の後乃ちこの書有り。故に余の子簡の行に於いて春秋の義を論次することかくのごとし」と。こうしてみると、子簡に期待するところはまた自らの志でもあったであろうが、そこにはすでに教育者としての片鱗が表明されているようにも思われるのである。

三　十七歳の幽谷

十七歳の執筆である「幽谷随筆」は幽谷の勉強の足跡を窺うものであるが、その中に義公の「如心説」にふれた一条がみえる。それは孔子の恕に及んだ一節を抄録したものであるが、この一節を聖賢

の格言とし、義公が類集してこれを解し、私意を加えなかったと述べている。そして、後進の士はこれを服膺すべきことと戒めた一文である。

西山公嘗て如心説を作りて曰く、仲尼は只一箇仁字を説く。所謂一貫是なり。曾参、之を釈て曰く、夫子の道は忠恕のみ。子貢嘗て夫子に問ひて曰く、終身之を行ふべき者有るか。対へて曰く、其れ恕か。己の欲せざる所、諸《これ》を人に施す勿れ。子思子曰く、忠恕は道に違ひて遠からず。諸を己に施して願はず。亦、諸を人に施す勿れ。孟子曰く、強く恕して行ふ。仁を求め焉に近づくこと莫し。是に由て之を見れば則ち孔門の伝授なり。蓋し、此に在らざる莫し。（常山文集巻二十四）

此れ則ち聖賢の格言にして、学者の朝に誦し夕に習ふ所なり。西山公、類聚して之を解して、毫も私意を容れず。而して其の義は明暢にして大に注家の能く及ぶ所に非ざるなり。直に一貫の旨を指し、仁字を為す如し。尤も其の観るべき者は後進の士、其の適従して服膺せざるべきか。

中程に巻二十四との注記がみえるが、『水戸義公全集』収録本によると巻十九に収められている。引用部分は「如心説」の冒頭から三分の一くらいに相当するが、多くを孔子の思想に拠っている。例えば「曾参之を釈て曰く、夫子の道は忠恕のみ」は「里仁篇」、「子貢かつて夫子に問ひて曰く、終身之を行ふべき者有るか。対へて曰く、其れ恕か。己の欲せざる所、諸を人に施す勿れ」は「衛霊公篇」にみえるところから明らかである。この一条を一瞥しただけでも、義公が『論語』に親しみ、これを血とし肉として学んだことが知られるが、それを幽谷は見事に把握し、義公の深奥、すなわちここでは「仁」となるが、これに迫ろうとしているわけである。

ところで、孔子の仁について『玄桐筆記』にも「度々仰せられけるは、仲尼八一ケ仁字を説」（『水戸義公伝記逸話集』八十二項）とみえるから側近にも知られていたのである。この文章は必ずしも他見を予想してのものではなかったかもしれないが、早くから『論語』を学んでいた幽谷であったからこそ義公の孔子への思いを理解し、共感することができたのであろう。そうとすれば、この一条もこれまでの幽谷の義公研究の成果とすることができると思われる。

四　十九歳の幽谷

十九歳の時、父の喪中に『二連異称』を著した（桜井安亭の跋は寛政五年の成立、幽谷は二十歳）。この著述は先人の服喪の様子を調査し、自らの感慨を付加したものであるが、天子、親王、邦君、朝紳、陪臣、処士からその代表的事例を掲げている。邦君ではただ水戸義公のみを挙げ、公の達孝を記録したのである。これまでの文章は義公の神髄に迫るものとはいえ体系的な義公論そのものではない。その点、この条の按文はまさにそれといってよい。

以下、この按文を八段に分けて掲げ、少しく検討しよう。

①按ずるに、義公の盛徳大業は具に人の耳目に在り。賢者は其の大なる者を識り、不賢者は其の小なる者を識る。今、此の篇に録する所は唯居喪の一節のみ。然れども三日にして食し、三年は父の道

を改むる無く、遺命を奉じ、殉死を禁じ、之を葬するに礼を以てし、之を祭るに礼を以てする如し。世主は此を一にする有りて、以て世を表見するに足る。況んや兼ねて之有らんか。譲国の一事の如きに至りては、則ち尤も千古に卓絶す。

②舜水先生嘗て曰く、上公の譲国の一事は、之を為して泯然として迹無し。真に大手段は旧に泰伯・夷斉を称し、至悳と為す。然れども之を為して其の迹有り。尚、未だ是敵ならざるか。（舜水文集、陳遵之に与ふる書）嗚呼、公は不世出の資を以て親を親にして民を仁にし、民を仁にして物を愛すること、江河に決する如し。沛然として之に能く禦ぐ莫きなり。天縦命世の才を云ふと雖も、抑も亦、学術の致す所に非ざるを謂ふべからざるなり。公の学に志すは伯夷伝を読むより始まる。而して終身、呉の泰伯の人と為りを慕ふ。自ら号して梅里と曰ふ。（按ずるに、史記正義に曰く、太伯は梅里に居る。常州無錫に在り。東南を去ること六十里。公の封域は亦常州に在り。）

③則ち其の平生の義気、滂沛として天地の間を塞ぐ者は、淵源のよる所を知るべきのみ。嗚呼、俗の敝なるや久し。周は礼楽を以て邦と為す。而して其の末造《まつぞう》、既に人を殺し葬に従ふ者有り。秦の西戎に起り、其の礼を匿し、俗に暴れる若きに至る。亦、何ぞ怪しむに足らんや。孔子曰く、始めて俑を作る者は其の後無からんか。人に象りて之を用ふと。猶且つ、不仁為れば則ち生くる者を殺して以て死人に従ふ。其れ、之、何の謂ひぞと。

④昔、垂仁帝の二十八年冬十月、倭彦王薨ず。近習を聚めて殉と為す。帝、聞きて之を惻《いた》み、群卿に

詔して曰く、生れて愛する所、死して殉と為す。亦、惨ならずや。古の遺風と雖も曷ぞ遵用すべけんや。今より之を止む。三十二年秋七月、皇后日葉酢媛《ひばすめ》崩ず。詔して土像物を以て用い殉に代ふ。立てて永制と為す。而して其の後六百余年、孝徳帝の大化中、詔に天下の喪制を定めて云へる有り、凡そ人の死亡の時、若し縊して自ら殉ひ《したが》、或いは人を絞して殉はしめ、及び強て亡人の馬を殉はしめ、或いは亡人の為に宝を墓に蔵め《おさ》、或いは亡人の為に髪を断り股を刺して誄す。此の如き旧俗は一に皆悉くに断め《や》よと。（以上、並に日本紀）

⑤夫れ殉を用いる者は、垂仁帝既に之を停む。孝徳帝、其の禁を申明し、四海の内に絶へて此の陋習無し。君子の国は礼義の邦為る所以なり。戦国に至るに及んで王政は綱せず。諸侯は命を擅《ほしいまま》にして武夫は勇を尚び、烈士は名に狥ふ《したが》。往往として斉客の田横に死する如き者有り。殉死の俗は再び此に萌す。而して又、三良の秦穆《しんぼく》に殉ずる者の如き有り。（注略、一部後述）太平の世は襲ひて之を行ふ。其の弊勝て言ふべからざるなり。夫れ、生を殺し、死に従ふ。其れ、不仁不智為ること固より論ずるに足る無し。其の死に従ふ者は、亦、徒に恩を感じて主に殉ずるの忠為るを知りて、社稷の後嗣の重為るを知らず。此れ、幽明の故に昧し。而して匹夫の勇、婦人の仁為るを免れず。君子は焉《これ》を惜しむ。

⑥我威公、首《はじめ》に此を察し、遺命して之を禁ず。其の光明正大、秦穆に勝ること万万なり。然りと雖も、当時死に従はんと欲する者は、大抵慷慨激烈にして死を視ること帰するが如し。彼の穴に臨んで惴《ずい》

惴《ずい》として其の慄する者と日を同じくして語るべからず。則ち苟も、義公の至誠の心、懇惻開喩して、以て之を止むるにあらざれば、遺命有りと雖も悪《いずくん》ぞ能く其の死せざるを保たんや。志を継ぎ事を述ぶるは孝の至りなり。而して首て善の効は四方焉に則る。其の仁は遂に天下に被はれ、今に至りてその賜を受く。公の徳は遠し。

⑦孔子嘗て曰く、三年は父の道を改むる無きを孝と謂ふべしと。曾子亦曰く、吾、諸を夫子に聞けり。孟荘子の孝や、其の他能くすべし。其の父の臣と父の政とを改めざる、是れ能くし難しと。蓋し、孝子は喪に在り。哀慕は猶父の在すが若し。而して輒《すなわ》ち其の父の道を改む。固より心を忍び為す所に非ざるなり。高宗は三年言《ものい》はず。其の徳の類せざるを恐る。古人の慎重の至、此の如し。三年の喪を廃するよりして此の義世に明かならず。夫子、孟荘子を称する所以なり。然れども、孟氏は特に百乗の家たるのみ。猶、是を以て難しと為せば則ち諸侯知るべし。

⑧公、聖を去ること二千余歳の後に生まれて、能く孔曾の難しとする所の者を行ふ。而して三年の外に、号を発して令を出す。一たび諸を聖賢の訓に稽ふれば、諸を祖宗の意に本づき、渙然として流水の源の如し。法を一国に為して、天下後世に伝ふべし。書の所謂其れ唯言はず。言は乃ち雍にして公有り。曾子曰く、終を慎みて遠きを追へば民の徳厚きに帰すと。公の自ら致す所以の者は、既に已に彼の如し。而して又、推して以て四竟の内に及び、士君子をして喪祭の、礼に遵ひ、以て夫れ異教の害を免れしむ。蓋し亦、周公の、礼を制し、諸を天下に達するの意は、小大の殊有りと雖

も、然り其の揆一なり。今謹んで之を録するは公の達孝為るを著す所以なり。

『二連異称』は服喪の状況を記述したものであるから按文も服喪の関連記述となるのは当然といえる。①と②は義公の総論的内容となるが、譲国の一事を「千古に卓絶」すると特筆している。②では舜水の一文を引いているが、架蔵の『朱舜水全集』（出版は国学整理社、中華民国二十五年刊）収録文によると、末尾が「未だ是適手ならざるか」とあるから全集本では「手」が脱漏しているのであろう。舜水を引いたのは譲国の一事の重要さの表れといえよう。さらに義公の人となりと立志に及んでいる。「天縦命世の才」は生まれつきでその時代の最も優れた才をいう。

③の「孔子曰く」は『孟子』梁恵王章句上篇にみえるが、孟子が孔子を引いて恵王を戒めた次の一節による。

仲尼曰く、始めて俑を作る者は、其れ後無からんか、と。其の人に象りて之を用ふるが為なり。之を如何ぞ、其れ斯の民をして飢えて死なしめんや、と。

④は注記の通り『日本書紀』による。「垂仁帝の二十八年冬十月」の記事はほぼ原文に沿っているが、「三十二年秋七月」のそれは要約であり、孝徳帝の詔は大化二年三月の条からの引用である。

⑤にみえる「三良の秦穆」というのは、秦の穆公に殉じた子車氏の三子である奄息《えんそく》・仲行・鍼虎《かんこ》のことで、『春秋左氏伝』文公六年の条や『詩経』の「黄鳥」にみえている（白川静氏『詩経』によれば、百七十七人が殉葬し、その中には三良も含まれると『史記』にみえるというが、これは八尾版『史記評林』「秦本

紀第五」で確認できる)。

⑥では威公の遺命に従って義公が達成したことによって天下に弘まったことを述べ、高く評価している。「彼の穴に臨んで惴惴として其の慄する者」は『詩経』にみえる黄鳥の歌(「三良の秦穆」を悼んだ国人の歌)を典拠とし、墓穴に臨んでおそれ震えるの意である(目加田誠氏『詩経』)。なお、幽谷は⑤の割注末尾に「黄鳥詩は偽作する所なり」と述べている。

⑦の「孔子嘗て曰く」は『論語』学而篇と里仁篇に、「曾子亦曰く」は子張篇に、それぞれみえており、引用は正確である。後者の孟荘子は名を速といい、荘の大夫であるが、その孝行(臣と政治を改めなかったこと)は誰もできそうにないことだと讃えているのである。

⑧は孔子や曾子が難しとしたところの義公の実行を讃えた箇所である。「曾子曰く」は学而篇にみえ、「上に在る人が、親の喪にはその礼を尽くし、父母の祭をする時にはその誠を尽くすならば、人民は上の厚い徳に化せられて、又厚い徳をもつようになる」(宇野哲人氏『論語新釈』)ということである。孔子や曾子が難しとしたところを義公が実践したことを讃えて記録したことを述べ、この条を結ぶのである。

『二連異称』は服喪の観点のみからの記述とはいうものの、幽谷の義公景仰の一端が表明されている。それにしても冒頭にみえる「賢者は其の大なる者を識り、不賢者は其の小なる者を識る」は、要するに賢者でなければ義公の偉大さの理解は困難だというのであるから、義公理解の重要な鍵であり、玩味すべき一句としてよいであろう。

おわりに

二十四歳の時、幽谷は修史上における大きな提案をなした。それは「校正局諸学士に与ふるの書」を水戸の館僚に送ったことである。この年、幽谷は江戸に上っていたが、この書で『大日本史』という名称が義公の遺志をふまえたものではなく、『大日本史』草稿は「史稿」と呼ぶべきことを主張したのである。その理由として四点を挙げているが、反対もあり幽谷自身が弁を好む人物と評されていたようである。この書には義公という表現が十二箇所みえている。表現は冒頭と後半に多いが、これをみただけでもいかに義公の遺志を重視してそれに添おうとしたかが知られる。それは幽谷の主張の根拠が義公に求められていたことを示すものといわなければならない。

それから二箇月後、あの『修史始末』を著すのである。幽谷の代表的著述となるが、後世からみても修史に関する極めて貴重な書物である。この著述の目的は「往復書案」によって修史の本源を探ることにあり、換言すれば義公の深奥に迫ろうとするものであった。『修史始末』の直接的な主題は当時喫緊の課題であった『大日本史』続編計画に修正を求めたことにある。続編計画は酒泉・佐治総裁等が推進しようとしていたが、幽谷はこれを批判したのである。それは「往復書案」を丹念に研究することによって義公の修史事業を明らかにし、それを現在に生かすことでもあった（拙著『現代水戸学論批判』)。とりわけ「始末」の前半の記述は義公の立志から始まって薨去に終わるが、その按文には義公への言及が少なくない。それについては改めて論じなければならないが、『修史始末』は義公論としても位置づけることができるのである。

このように義公への言及をたどってくる時、そこには幽谷の義公への憧憬、そしてその精神を復活継承しようとする意気込みが窺えるのである。それは幽谷の義公観の形成そのものにほかならないが、そこには後期水戸学を生み出す契機となったことが認められ、加えて生み出しただけでなく後期水戸学の担い手をも育成したのである。家塾青藍舎の教育がそれであり、その基は義公への回帰にあったということができようし、幽谷の出現それ自体が義公への回帰でもあった。先にも一部を引いたが、再度その一節を掲げて証左としよう。

漸く志学の童子にて、徂徠春台等白髪老成の見識よりも、大きに上に出る事、和漢に稀なる奇談なり。是れ即ち義公の御文化の御遺風より生まれ来り。(杉田雨人氏『長久保赤水』所引、長久保赤水の藩主口上書)

第十章　藤田幽谷『二連異称』考

一　『二連異称』とは

『二連異称』という題名から内容を思い浮かべることができる人は極めて稀であろう。幽谷十九歳の著述であるが、それも尋常の書ではない。父の喪中時の著述であるからである。父言徳が寛政三年十一月（幽谷は十八歳）に没したために以後三年の喪に服するのであるが、この心喪中に服喪の実際を古今の事例に探った著述が『二連異称』である。通説によると、喪の期間は死亡前日から二十四箇月と一日であり満二箇年となる。幽谷も通説に従ったものであろうが、そこには幽谷の孝養が如実に表明されている。

『幽谷全集』の凡例には、

二連異称は版本を底本として徳川公爵家所蔵本藤田東湖・会沢正志斎の付箋等を参酌し書中引用せる古典及び和歌の中脱落紕謬あるものは原書に拠りて訂正せり。

とみえるが、ここにいう版本はいわゆる木版ではなく明治二十年刊行の活版本（会沢の序あり、藤衣を附す）のことであろう。この活版本は先哲叢書の一として東京の東崖堂から出版されている。割注として典拠を示し、水戸史学の伝統的な表記法に従っている。

活版本を底本とするというのは久野勝弥氏によるが（『藤田幽谷の研究』収録「青藍舎の教育」）、氏が紹介されるのは二冊本であって会沢正志斎の校訂本によったものである（筆者架蔵本は一冊本であるが、三冊本も存在する）。さらに久野氏は「寛政四年日録」によって十九歳の著述であることを明らかにされるとともに、正志斎校訂本が子息東湖の意見によって修正が施されており、その実例をも紹介されている。

以下の考察は全集本によるが、後人による若干の増補訂正がみられるとはいうものの、幽谷の著作とするのに問題はないであろう。

二　後村上天皇・重明親王・義公・紀夏井

『二連異称』の冒頭には喪の考察がある。それは序の役割を担っているが、『二連異称』という書名の由来を述べたものでもある。三年の喪については『論語』を引き、そして『孔子家語』から書名由来の箇所を掲げている。

子貢問ひて曰く、「これを晏子に聞けり。少連・大連善く喪に居れり、と。それ異称あるか」と。孔子曰く、「父母の喪に、三日怠らず。三月懈《おこた》らず。期悲哀し、三年憂へたり。東夷の子、礼に

達せる者なり」と。（読み下しは岩波文庫本による）

ここにみえる少連と大連が二連であり、「異称」は文中から採ったのであるが、少連については『論語』微子篇に七名の逸民（賢才あって世を遁れた人）の一人として挙げられている。孔子は少連を評して慮に中《あた》る、すなわちその行いが衆人の思慮するところに合うとする。幽谷は朱子や『喪服四制』を引き、そして『日本書紀』によってわが国の喪を解説し、新井白石の説にも及んでいる。続いて本書で言及する実例（人物）を挙げ、再度二連にふれて書の名とすることを述べている。ちなみに少連は東夷の子とみえているが、喪礼を守った人物という（加地伸行氏『論語』）。

実例として掲げる最初は後村上天皇である。天皇が母である新待賢門院の崩ずるに際して三年の喪に服したことを記した後に、按文を加えている。南北乱離の世に良く喪に服され、それは仁孝至誠で英明特達の主にして可能であり、太平を興し風教に留意する者は考えなければならない、とする。

続いて重明親王である。親王は醍醐帝の第四子、服喪は帝崩御時となる。その略伝には『日本記略』や『花鳥余情』が注記されてはいるが、列伝に拠ったのであろう（伝は巻二三二にみえる）。按文には立原先生から聞いた服喪の実について述べ、親王は風流を尚び豪奢を好んだが、心喪の間は美服飾器を絶ったことに言及している。

次が水戸義公である。履歴は収録事例中もっとも長く、末尾に公が浮屠による葬祭を嘆いて「朱子家礼」により略儀（喪祭儀略）を頒布したことを記している。按文では舜水先生・孔子・曾子を引用しながら義公の達孝を位置づけている。特筆しているのは殉死の禁止であるが、さらに垂仁帝や孝徳帝の実例を挙げて言及している。この義公論には幽谷の重要な一面が窺えるのである。（前章参照）。

紀夏井については『大日本史』の列伝をふまえて伝をなし（巻一一五）、母の喪に三年を費やしたことにふれ、末尾に論賛を引いている。按文ではわが国の三年の喪の首唱であり欽慕していると述べた。次の藤原長親は文貞公師賢の嫡孫である。父の喪に関して『新葉和歌集』から和歌を引き、さらに関連として林恕と藤井懶斎の言及を掲げている。按文では藤原道信と源有房の喪に関する和歌を引き、わが国における三年の喪の一時期を為したとし、『孝経』によりながら南朝の名臣を称えている。

三　土佐の陪臣

これ以降に言及するのは陪臣であるが、すべて土佐に係わる人物を掲げている。野中兼山から始まって尾崎喜内・曽我直之・町喜兵衛・磯部勘平、そして大高季明と続くが、このうち磯部のみは土佐人ではなく久留米の人である。それは野中の項に、舜水先生の安東守約への返答に三年の喪を実施中の人物としてみえているから関連して取り上げられたのであろう。尾崎は三年の喪を行った人物として、曽我は家礼を考究し葬祭を礼に拠った人物として、また町は二十五箇月（すなわち三年）の喪に居った人物として簡略な伝のみが掲げられている。これらの伝は『南学伝』を典拠としている。

ここでは野中兼山をみてみよう。本文は『南学伝』と『閑散余録』とに拠るが、前者は土佐の大高《おおたか》坂芝山《さかしざん》、後者は伊勢の南川金渓の著述である。大高坂芝山は幽谷が「大高季明曰」としてその言を引用する人物である。兼山伝は詳細ではないが、他の伝と比べれば決して短いとはいえない。国政を執ったこと、宋儒の学を重んじたこと、小倉克（三省）を師友としたこと、そして母の喪に服したことを述べ、末尾に火葬にふれている。次いでこの火葬と服喪に関して朱舜水の「安東守約に答ふ」（架蔵の『朱舜水全集』収録の同名文の十九通めに当たる）を引用している。「安東守約に答ふ」の後半の引用に後述の磯部のことがみえており、その割注に「按ずるに、磯部勘平の事、未だ其の詳かなるを聞かず。考ふべし」と記している。

その後に二条の按文を収めるが、彼が同士と正学を考究し三年の喪を実行したこと、畏友谷時中・小倉三省とともに尾崎・曽我・町等を教導したこと、土佐国のために執政として尽力したことなどにふれ、三省のことに及んだ大高季明（大高坂芝山のこと）の言を引いている。幽谷は大高の言を篤論とし、三省の孝を評価しつつ、兼山が仏氏を悪み火葬を禁じたことにふれ、史上に仏法の実例を探っている。なお、大高の言は磯部の項の後にも付加されている。なお、『及門遺範』に兼山が朱子の「礼儀経伝通解」を刊行したことにふれた幽谷の言がみえている。

磯部の項はわずか十三文字の簡略文であるが、会沢正志斎の補説が付されている。同郷の木村重任が来水の折会沢に姻戚である旨を語ったとのことである。この補説については刊行の際に榊徳隣が桜井の跋（後述）とともに探索したことが知られている（小泉芳敏氏『水戸史学』第二号所載「史料紹介・二連異称の刊行——榊徳隣先生の書翰より——」、なお小泉氏は二十歳の成立とされている）。

陪臣の事例の後には長文の按文を掲げて漢土やわが国の喪制について詳細を述べ、末尾に立原先生が父蘭渓君の喪に服したことに及んでいる。

続いて処士として四名が取り上げられている。最初は東村居士であるが、京の人で名を河井正直という。山崎嘉（闇斎）に『小学』を学び、父母相継いで没した際の喪が前後六年に及んだことを『孝子伝』や『南学伝』に拠って述べ、末尾に大高季明の言を引いていることなどをみれば土佐系列の人物といえよう。按文ではその学問が山崎闇斎から出て、闇斎の学は兼山から出るとし、六年の喪を称えている。このような叙述をみると、東村居士は処士として分類されてはいるが兼山の学統として考えることができよう。

次に錦里先生、すなわち木下貞幹（順庵）にふれている。京の人で後江戸に遊び加賀国主に仕えた。七十八歳で病没したが、『孝経』を以ての葬儀を遺言した。父母が没して喪に服した時は、まだ京都に在したので処士扱いとしたことを按文に記している。

四　伊藤仁斎

最後は仁斎先生、すなわち伊藤維楨である。伝記は「行状」（子息東涯による「古学先生行状」）に拠るが、京の人で堀川東街に住み、多くの論著があり来謁する者は三千余人と叙して、母が没した時も孝養を尽くしたが、次の年父が亡くなり服喪は通算四年に及んだとして長い按文には孝養の詳細を述べている。その中に「安藤氏の言は甚だ其の実を得る」と述べ、『年山紀聞』を引いている。それは喪を除するの和歌であって漢訳して掲げ、続けてその人となりに言及しているがそれも年山の記述の漢訳である。それは幽谷が年山の評価を信頼した結果といえよう。

按文はさらに「童子問」や陸象山の「象山集」を引き、仁斎の後は享保以来、宿儒凋落し風俗漸く薄くなり三年の喪を行うものは聞かなくなったとし、並河天民にふれる。このごろ我が友が服喪六年に及んだ天民のことを示した。天民の事績は享保七年に刊行の「天民遺言集」に収める墓表によって記すが、それによれば天民は丹波の人で貧しかったけれども日夜仁義を研究し四端の心を説いた。病没した時四十歳、仁斎に学んだ人物であって仁斎が徳行を重んじたことが知られるので付加したと述べて按文を閉じる。天民は幽谷が知る服喪を行った最後の人ということなのであろう。このような仁斎の特筆は「此の篇仁斎に終はる。微意の在する所、読者宜しく知るべし」と結ぶところにもみられ、幽谷の古学への顕著な思いを示すものともいえよう。なお、天民についてはその伝が寛政二年秋刊行の『近世畸人伝』にもみえているので参照する機会があったかもしれない。

五　桜井安亭の跋

『二連異称』には桜井安亭の跋文がある。寛政五年十二月付であるが、この年幽谷は二十歳となる。

この記載から従来二十歳の著述と考えられてきたが、実は前年の成立であることは既述のように久野氏（前掲論文）が明らかにせられたところである。文面には小宮山子実（楓軒）の序が既に存在したことがみえているので、すでに序跋を付した著述であったことが知られる。跋は喪が終わり、たまたま安亭の家に立ち寄った際に話がこの著述に及んで依頼されたものという。そうすると、幽谷はこの時点で刊行の意志があったかどうかはわからないが、少なくとも著述として完全な形を整えておこう、との思いを窺うことができる。高足である会沢正志斎の序文によれば、生前幽谷は意に満たざるものがあり刊行を許されなかったという。また末尾に会沢に学んだ筑後の村上量弘の一文が添えられているが、それには水戸に遊んで義公や舜水、そして幽谷の人となりを詳らかにしたことに加えて、自藩の磯部予斎にも及んで巻末に私書する所以を述べている。

『二連異称』が少年未定の論であることは会沢によって注記されているが、それは『孔子家語』が偽書である旨を常々語っていたことによるのであろう。しかしながら、未定の論とはいうものの、後年益習館の、いわば教科書として刊行しようというのは本書を実事に生かそうとするものであり、それは享保以来の風俗漸薄を正して学問事業の実践を目指そうとする門人の思いでもあったということができよう。

なお、跋文を書いた桜井安亭は字を君節といい、龍淵と号し、志操清潔、識見に富んだ人物である。立原翠軒の門人で、幽谷の八歳年長、寛政六年の「川口嬰卿に報ず」には益友としてその名を揚げているのでその親密な間柄がうかがわれる。

六　幽谷学形成における『二連異称』の役割

最後に幽谷学形成における『二連異称』の役割を考えてみよう。まずは服喪がそれまでの幽谷の学問の具体的実践であり、そのための史的背景や根拠を探ったものという意義づけができることであろう。次に言及されている人物からは義公は当然のこととしても、野中兼山と伊藤仁斎を取り上げていることが特筆されよう。

兼山については『南学伝』に拠り、その人物像を略記しつつ、その学問すなわち儒学を重視したことにふれ、山崎闇斎や尾崎・曽我・町等の関連人物への言及、そして独立の条こそ立てていないけれども関連の人物としてはかなりの分量を費やしている小倉三省にも注目してよいであろう（闇斎は兼山の母万の墓表を、また三省の追悼文を書いている）。東村居士の按文に、この篇（二連異称）が主として服喪にあり功烈やその他の行事は省略し梗概を述べたにすぎないことを断っているように兼山の治績の詳細は記されていないが、兼山の業績、とりわけ儒学への傾倒ぶりは三省（仕置役という優れた行政官であり、兼山に江戸の儒学を紹介しているが、横川末吉氏『野中兼山』は「兼山の南学は三省を除いては考えられない」とされる）への言及も含めて叙述されているから、後年の郡奉行としての治績に何らかの示唆を得たであろうとの推察も許されよう。また、闇斎にも言及していることは何らかの崎門学との関係を暗示させるものがあろう。

仁斎に関しては、彼の古学的要素が孔子に折中することを目指していた幽谷にとって大きな魅力であったであろうことも叙述への影響として捉えてよいのではあるまいか。

蛇足ながら兼山の項に引いてある『閑散余録』の記事についてふれておこう。幽谷は土佐人が江戸で火葬を見聞し大いに驚愕したことに対して、あなたの郷では火葬がないのかと問われた際に然りと答えた。これは野中子の遺化であろう、と『閑散余録』に拠って述べているが、この記事が日本随筆大成本（第二期第二十巻収録）では確認できないのである。関連する記載は「土佐ノ国中ハ野中ト闇斎ノ余沢ニテ、今ニ火葬少ク儒葬多シトナン」のみであるから、幽谷の閲覧本が収録本とは異なるのであろうか。『閑散余録』には闇斎（崎門も含む）や仁斎（東崖も含む）に関する記載が少なくない。

七　附録の「藤衣」

『二連異称』には服喪や除服等の和歌を集めた「藤衣」という附録があるので、これについてもふれておくことにしたいと思う。

「藤衣」は『二連異称』の附録であり、喪に関する和歌を史上に採り収録したものである。「藤衣」は喪服のことをいう。収録歌数は四十七首で勅撰集から多くを採用しているが、私家集も含まれ、そして一首ではあるが近世にまで及んでいる。分類すれば、一般的な喪に関する歌二十首、在喪遭喪和歌として九首、除服和歌として十八首となる。附録であるからもとより序跋はないが、多少の考察が付加されている歌もみられる。以下、概要（主な按文）をみてみよう。

冒頭には壬生忠岑《みぶのただみね》の「藤衣はつる、糸はわひ人の涙の玉のをとそなりける」が掲げられ、典拠は『古今集』であるが「六帖同じ」とし、さらに『拾遺集』の収録歌（三句以降に異同がある）をも注記している。

在喪遭喪和歌の九首目（すなわちこの項の末尾）は右近大将長親の「三とせまてほさぬ涙のふち衣こは又いかにそむる袂そ」である。典拠は『新葉集』であるが、次のような按文（収録歌では最初の按文となる）が付されている。

按、長親南朝偏安の世に生れて三年の喪を行ふ、賢といはさるへけんや、是より先きに後村上帝母后の喪に服制諒闇三年に及ひたまひし、長親の三年の服を成せるは其迹を追へるにや、

後村上天皇の服喪のことは『二連異称』にみえ、長親の喪についても同様であり、この歌が漢字を当てて引用されている。長親の服喪はこの歌によってのみ知られるという。長親の条の按文には藤原道信の歌「限あれは今日ぬきすてつ藤衣はてなきものは涙なりけり」が引かれているが、この歌は『藤衣』除服和歌にも収められており、「按此歌人口に膾炙す今昔物語可併考」との按文も付されている。

実は道信の歌の直前には『拾遺集』からの「よみ人しらす」ではあるが「ふち衣はらへてそへるな

みた川きしにもまさる水そなかるゝ」という一首が収められている。この歌にも次のような按文が付されている。

按、此歌藤衣はつるゝ糸、今の歌を並へのせたり、古今集を考ふるにはつるゝ糸の篇は壬生忠岑の作なり、或説に此歌も亦忠岑なりといへり、

「藤衣はつるゝ糸」は冒頭の忠岑の歌である。その注記には三句以降に異同がある旨を先に記したが、その異同のある歌と「よみ人しらす」の「ふち衣はらへてそへる」の歌が並べ載せられているというのである。確かに『拾遺集』にはこの二首が併置され、さらにその次に道信の歌がみえるのである。この按文では歌意の類似からこの「よみ人しらす」として伝えられる二首も忠岑の作ではないか、というわけである。

道信の歌と並べて評価された歌がある。源有房の「藤ころもなと一とせに限りけむ是はかりにそかたみとおもへは」（若干異同の注記あり）であり、末尾から二首目として収められている。按文には次のようにみえている。

按、此歌道信朝臣の限りあれはの篇と並へ誦すへし、いつれをか優れりとし孰れをか劣れりとすへき、期の喪は王制なれは不得已俯して就きしと見えたり、此志さへありなは三年の喪は勉めしても至るへし、是はかりにそかたみとおもへは一期にしては除服するに不忍ことむへなりといふへし、康頼の宝物集に親に志深く見ゆる人歌にて申すへしとて道信・有房の歌を引きたり、有

房は蓋し高倉帝の頃の人なり、

『二連異称』ではわが国の喪制を研究し、一年の場合が多く存在したことを明らかにしているが、この歌はそれを証する。また『宝物集』は平康頼による鎌倉前期の仏教説話集であるが、そうするとこういう書物も捜索したわけである。

最末尾に収めるのは伊藤仁斎の一首であるが、これが近世唯一のものとなる。それは「三年とて定めしかすの限りなれはけふぬきすつる藤衣かな」という除服の歌であるが、『二連異称』にも引かれている。按文には次のようにみえている。

按、仁斎先生父在す時、母の喪に遭ひ一期の喪を服し、尋て父の喪に三年の服を行ひしこと行状に見えたり、此邦にては古人もつとめし数すくなき三年の喪（天子には後村上天皇、王子には重明親王、紀夏井・藤原長親）正保以後、人文ひらけて有志の輩往々是を行へり、先生の如きは資質の美といふといへとも、亦学問の力に非すといふへからす、年山紀聞（安藤為章著）にて此歌を見るまゝに録す、其歌の大旨は先王制礼不敢過といふ意ならんかし、

割注は括弧内に収めた。注目すべきは『二連異称』でもそうであったが『年山紀聞』に拠っていることである。『年山紀聞』巻五には「処士維楨」として簡略な紹介が収録されている。「為章は弟子の数にはあらさりしかども、過し年その講説を聞、人品をも知たり。物やはらかに愛相よく、謙退ふかく、まことに君子とはかうやうの人なるべしとおぼえ侍り」と人柄に言及した後に「口にまかせたる

歌記憶せし計を」九首を記しており、その中の一首がこの歌である。

「神童」という呼称からも少年幽谷の学識が窺えるが、それは漢学にとどまらずわが国の古典、なかんずく和歌においても同様なのである。勅撰集は史館の架蔵本に拠ったのであろうが、いわゆる倭学への関心も漢学と並行して深められていたとしてよい。また、「藤衣」はもとより附録であるから本編としての『二連異称』の補助史料であり、追加にすぎないともいえる。しかしながら、和歌のみによってしか伝えられていない行状も存在するから両編相俟ってわが国の喪制の研究であって、さらには幽谷の孝養をいかんなく発揮した著述ということができよう。

第十一章　藤田幽谷「丁巳封事」の『論語』

「丁巳封事」は藤田幽谷二十四歳の時の藩主に提出された意見書であるが、この意見書には多くの古典が引用されている。とりわけ、『論語』は幽谷の儒学者としての根源を形成する大きな役割を果たしているが、以下にはこの意見書に引く『論語』の条文を確認してみよう。

参考とするのは『水戸学』（日本思想大系）に収録される「丁巳封事」の頭注である。封事の原文を掲げたあとに『論語』の該当部分を引くこととする。なお、『論語』は貝塚茂樹氏の中公文庫本による（漢数字も同氏）。

①臣聞く「未だ信ぜられずして諫むれば、すなはち人以て己を謗るとなす」と。……「子張篇」一〇、信ぜられて而して後に諫む。未だ信ぜられざれば則ち以て己れを謗ると為すなり。

②孔子の政を論ずるも、また兵を足し、食を足し、民をしてこれを信ぜしむるを以て先となせば……「顔淵篇」七、「子曰わく、食を足らしめ、兵を足らしめ、民をして信あらしめよ」

③臣未だ遽に躁瞽《そうこ》の愆《あやまち》を犯すを欲せずといへども……「季子篇」六、「君子に侍するに三愆《けん》あり。言未だこれにおよばずして而も言う。これを躁と謂う。……未だ顔色を見ずして而も言う。これを瞽

と謂う」

④名を釣り利を弋《と》り……「述而篇」二六、「釣して綱せず、弋して宿を射ず」

⑤匹夫の諒を事とすることなく……「憲問篇」一八、「豈匹夫匹婦の諒《まこと》を為すや」

⑥恵にして費さず……「堯曰篇」二、「君子は恵して費やさず、労して怨みず」

⑦百姓足らば、君たれと与に足らざらん、百姓足らざれば、君たれと与にか足らん」……「顔淵篇」九、「百姓足らば、君孰と与にか足らざらん、百姓足らずんば、君孰と与にか足らん」

⑧虚しくして盈《み》てり……「述而篇」二五、「虚しくして盈つと為り」

⑨富庶の業……「子路篇」九、「子曰わく、庶きかな。冉有曰く、既に庶し、また何をか加えん。曰わく、これを富まさん。曰わく、既に富めり、また何をか加えん。曰わく、これを教えん」

⑩飲食を菲《うす》くし衣服を悪しくして……「泰伯」二一、「子曰わく、禹吾間然すべきなし。飲食を菲くして孝を鬼神に致し、衣服を悪しくして美を黻冕《ふつべん》に致し、宮室を卑くして」

⑪夫れ仁者は「恵にして費さず」と。民と好悪を同じくするの謂なり。……「堯曰篇」二、「子曰わく、君子は恵して費やさず。労して怨みず。……子曰わく、民の利とする所に因りてこれを利す。斯亦恵して費やさざるにあらずや。」

⑫勇あり方を知りて、以て用ふべきを謂ふなり……「先進篇」二六、「由やこれを為（おさ）めて三年に及ぶ比、勇あり且つ方を知らしむべきなり。」

⑬巧言令色の風は日に盛んにして……「学而篇」三、「子曰わく、巧言令色、鮮ないかな仁」
⑭剛毅木訥の俗は月に衰ふ……「子路篇」二七、「子曰わく、剛毅木訥は仁に近し」
⑮語に曰く「教へざるの民を以て戦ふは、これこれを棄つと謂ふ」と。……「子路篇」三〇、「子曰わく、教えざる民を以て戦わしむる、これこれを棄つと謂う。」
⑯夫れ上の下を化するは、なほ風の草を靡かすがごとし……「顔淵篇」一九、「子、善を欲すれば、民善ならん。君子の徳は風なり。小人の徳は草なり。草はこれに風を上(くわ)うるとき必ず偃《ふ》す」
⑰周任言へるあり「力を陳べて列に就き、能はざれば止む」と。……「季子篇」一、「孔子曰わく、求よ、周任言えるあり、曰わく、力を陳べて列に就き、能わざれば止むと。
⑱大臣を励し、衆思を集め……「先進篇」二四、「所謂大臣なる者は道を以て君に事え、不可なれば則ち止む」

以上の箇所のほとんどが『論語』の後半部分からであるが、封事の性格からして当然ともいえようか。後半には諸侯からの問いに答える政策論が多いからである。特長的なのは⑥と⑪には同じ箇所からの引用がみえることであるが、藩主としてもっとも重要とすべき教えだからであろう。

引用の状況をみると、原文をそのまま抜き出した箇所もあるが必ずしもそれに限定されない。あくまでも封事全体の構成を考慮しながら関連する教えを『論語』から引き、あるいは『論語』をふまえて論じているのである。そこには幽谷の学問の実学的側面が『論語』を根底にすえつつ、広く古典に及びながら深化展開していく様子を窺うことができよう。

幽谷が十五歳の作とみられる「斎藤伯通君に答ふ」において、孔子が「万世の正鵠」であって、学問が孔子に折衷することであると論断していたことはその淵源であるけれども、『論語』学習の集大成が「丁巳封事」の表明であったとしてよいであろう。

第十二章　義公論としての『修史始末』

一　梗概

藤田幽谷の『修史始末』（以下「始末」と略記）はその名の通り修史の始末、すなわち『大日本史』編纂の経過を明らかにした著述であり、上下二巻から成る。その叙述は往復書案等の丹念な調査によって修史を跡づけたものであっていわゆる前後期の水戸学あるいは水戸史学を繋ぐ貴重な文献でもあるが、本章は「始末」を義公論という観点から捉えての考察を試みようとするものである。それは年少期に幽谷が義公の余香を拝して以来の義公精神の神髄を把握する経緯が如実にたどれるからであり、また後期の水戸学の濫觴が窺えるからでもある。

なお、「始末」の出典註記や論賛関係記事については別途検討しているので（『芸林』第五十五巻第一号所載の拙稿（次章）及び『現代水戸学論批判』）、それをふまえながら概略をみておこう。

巻之上は正保二年乙酉の義公十八歳から元禄十三年庚辰の公七十三歳までの二十二条（各条は年代を掲げてからの記述となるのでこの年代の条数をさす）となる。巻之下は元禄十四年辛巳から寛政九年丁巳までの六十条となり、末尾に後記ともいうべき一文が添えられており、その最後に「是歳、孟冬二十二日、彰考館散員藤田一正、書于江邸寓舎」と記している。孟冬は十月、散員は勤めがなくて暇な役人ということである（名越時正氏『水戸光圀とその余光』第九章参照、以下名越氏によるところが大きい）。当時の状況について名越氏は、結婚間もない幽谷は高橋広備（江戸史館総裁代役）が水戸史館総裁の立原翠軒に懇望して江戸出府を求めたことによった結果が「江邸寓舎に書す」であるとされ、またこの在江戸中の八月二十九日に「与校正局諸学士」と題する建言を提出しており（この建言にも散員と記している）、編修の職にあって勤務は存在したと論ぜられている。その他「始末」の成立経過や意義については名越氏の所論を参照されたい。

ともかくも「始末」は岡崎正忠が「古今を渉猟し、衆議を考窮し、復た余蘊有ることなし」（『修史復古紀畧』）と述べたように幽谷が修史に関連する史料を可能な限り収集して、就中義公に関する記述に留意しながらまとめたものなのである。

二　巻之上の按文

「始末」巻之上は、すでにふれたように正保二年乙酉の義公十八歳から書き始められている。いうまでもなく、この年は「大日本史序」にみえる通り『史記』の伯夷伝を読んで蹶然としてその高義を慕ったという記載があり、「始末」もまた序を注記している。巻之上は各条の年代（干支も記載）とともに義公の年齢を記載していることが巻之下とは異なるが、記載には必ず割注して典拠を掲げている。割注には典拠に加えて按文を添えた箇所もみられるが、さらに各条の記載に按文を付加している条がある。実はこの按文が直接に義公に係わる記述となっている場合が多いのである。以下、主な按文に言及しよう。

最初の按文は延宝四年丙辰の条であるが、本文には「二月、令館中儒生祝髪《しゅくはつ》・縫掖《ほうえき》之徒、長髪返初服、編諸士伍、随才進用」とあり、典拠として「史館旧記」と「義公行実」が記されている。祝髪は断髪剃髪、縫掖は墨染めの衣のことで僧侶を意味するが、史館の儒生や僧体の者に対して髪を蓄え武士の姿に戻させて、才能によって登用することを述べたのである。ここに幽谷は按文を付加した。それはまず、太平の世になって林道春（羅山）のような博学洽聞の者が出たが、惜しいかな祝髪縫掖して法印の官を受け、医者や卜者（陰陽師）と同列に属し、特別な存在となったと述べた後に義公に及んでいる。

> 惟ふに我が義公、超然として卓見は大に流俗に出づ。謂へらく、学問は君子の事にして豈に儒者の私業ならんや。乃ち書生をして初服に返へさしめ、儒者の号を停《とど》む。独り之を封内のみに行はずして、遂に幕府に建議して令甲《れいこう》（法令）を改定するに至る。故に林氏の子孫は亦法印を罷《や》め大学頭を拝す。公の賜ふるは遠し。公の史を修め、大に四方文学の士を招く。其の初め皆林氏の陋《ろう》習《しゅう》を襲ふ。独り佐佐介三郎、甲寅の歳を以て千里剣を杖にして来たり、本館に仕ふ。毅然として

既に自ら関西男子と称し、肯て祝髪・縫掖せず。之を豪傑の士と謂はざるべけんや。

「甲寅」は延宝二年であり、この年佐佐介三郎すなわち宗淳が入館し、義公の儒者観に合った豪傑の士と幽谷は評価したわけである。安積澹泊の入館はさらに後年の天和三年のことであるが、「始末」は条を立てて「公其の才を愛して常に左右に侍す」と記している。それに対して佐佐宗淳の入館は条こそ立てられていないけれども、義公の意志を具体的に述べた条に彼の入館にふれてその真意を明らかにしているのは鋭利な幽谷の史眼の表れであり、澹泊と比べて劣るものではないであろう（次章参照。なお、歿年については条を立て澹泊の碑銘を引いている）。前段は『西山随筆』に述べるところと通ずるものがあろう。

続けて幽谷は、義公が学士を招聘するに厚禄を以てし、それぞれに職名を与え編修に採用した、と言う。それは耗費《もうひ》（無駄遣い）に似るかもしれないが編修の職はそれほどでなければ堪えることができないとの意志を「介三郎手簡」によって述べ、後人に「館脈を晩留するの説を唱」（史館を存続させる者が出て修撰の業が滞ったとして、さらに史館停滞の状況を追求する。修撰の事業は空しく日を過ごすこと久しく、史館の士は食することのできないひさごのようにぶら下がっているのみで永らく月日を送っており、学問の道を自らの任とはするが理屈を述べるだけである。武人や俗吏はそれを儒者とみなして、その役立たないことを嘲笑《あざわら》っている。貴游《きゆう》（貴族）子弟は常に言い合っている。我等は史館の儒者ではないから必ずしも読書を学問とはしないと。今、読書する府下の徒は皆官職について位が進むのではなく、史館に入って俸給を求めるのみである。志学の初めからただ利益をみるのであるから、目先の小さいものに安んじており、とても大業に就くことはできない。それは当然のことである。こうしてみれば、学問は国家に益なく、職が史館にあるだけである。義公の志は荒んでいるというほかはなく、嘆かざるをえない、と述べた。

以上が延宝四年丙辰の条の大要である。

三　巻之上の按文(続)

天和三年癸亥の条は公五十六歳、安積澹泊が入館した年である。八月二日に入館したことを記してその言を引いた後に按文を添えているが、ここには義公に関する記述はみえていない。その後の十一月五日の記述に「後小松を限りて筆を絶つ」という公の指示がみえ、按文が付加されている。

一正按ずるに、旧紀伝は出典を注せず。是に至りて更に諸書を参考して以て校正を加へしめ、断簡破牘の余に因り、散絶残脱の言を纂す。要務にて実を摭《ひろ》ひ、華を袪《か》くに在り。而して文を騁して辞を弄するを得ざるは公の卓見なり。今、明徳以後の紀伝の命を観れば、則ち公、亦、後編を修むるの志有るに似たり。史館の命名は義、彰往考来に在れば、則ち其れ、此の命有り。亦宜ならずや。然れば明徳以前の紀伝は編修検討するに、日に給する遑《いとま》あらず。故に公の在日に未だ続編に及ばざるのみ。

ここでは注記・校訂・文章等に関する指示が卓見であるとし、明徳以後の紀伝の作成を命じたことに及んで後編編修の意志を推察し、彰往考来を意義づけしている。この条の後半では酒泉・佐治の二総裁が続編編修を建議したのは大早計であり、それは「貂《てん》のあとに狗《いぬ》を用いる」（立派なもののあとにつまらないものが続くこと）ようなものだとの非難は免れないとし、未完成のうちに総裁が亡くなったのは幸いである、とする。

貞享四年丁卯の条は公六十歳、吉弘元常が「大友本紀論」、総裁人見伝が「天武紀考証」を著したことを記し、按文を加えて「其の大友を立て帝紀と為すは、則ち義公の特見に出づ。固より既に千古の冤を雪《すす》ぎ一世の惑ひを弁ずるに足る」と述べている。

元禄元年戊申の条には公六十一歳、大串元善を京都に派遣し内府菊亭公《きくていこう》に捜書目録を呈して借覧を願ったことを述べる。按文には、

一正按ずるに、是より先に公人を遣して編史の志を菊亭公に告ぐ。因りて其の蔵する所の異書を借することを請ふ。菊亭公大に嘆賞して、之を借するに吝《やぶさ》かならず。公又編史の次を以て多く搢《しん》紳《しん》（公家）旧記を獲て、其の朝儀に関する有る者を抄す。試みに類聚して一書と為す。諸《これ》を天闕に献ぜんと欲して、菊亭公に就て進止を取る。天子之を嘉す。勅して益々編輯を加へん。乃ち秘府書若干部を出し、以て参考に資す。

とみえるが、以上が前半となる。史館の古簡によった箇所であるが、菊亭公は今出川公規《いまでがわきんのり》、一書は

『礼儀類典』である。後半にはさらに説明を加えて、

菊亭公の、公に於ける周旋尽力は此の如し。仮使《たとい》、当時修史成るを告ぐるも安《いずく》んぞ其の天子の嘉嘆を蒙る、礼儀類典に如かざるを知らんや。書未だ脱稿せず。公世に即《つ》く。惜しむに勝《た》ふべけんや。

と述べているが、ここは『礼儀類典』の本質にふれた貴重な箇所というべきである（時野谷滋氏『大日本史の研究』収録の「礼儀類典の編纂」参照）。

元禄二年己巳の条は公六十二歳、十二月五日の按文は仏教・氏族・兵馬の志に関する公の命にふれた後に皇極・斉明・孝謙・称徳の諡号について述べ、今公（文公）の言を、

因りて史臣に謂ひて曰く、今先君の遺書を校《かんが》ふるに、其の特筆寓意は帝大友、后神功、及び正朔を神器在《いま》す所に掲ぐるの類の如し。人或いは駁議有りと雖も、断断乎として易ふべからざるなり。其の他文に臨み事を敍するに、未だ隠れざる者有り。反覆論弁して諸を至当に帰すを妨げず。此れ乃ち、深く先君の遺意を体する所以なり。

と引いている。先君はいうまでもなく義公のことであるが、ここでは今公の言を通して先公の遺志に及んでいるわけである。

元禄四年辛未の条は公六十四歳、前年綱条に家督を譲った公は五月西山に移っていたが、その事情を述べ、またいわゆる三大特筆にも言及している。按文は二条からなる。

一正按ずるに、義公より今に至る、殆ど一百年、遺老宿儒は凋謝《ちょうしゃ》して咸《みな》尽きたり。紀伝の編は固

より多士の手に成る。稿を易ふること数編にして其の幾人の改竄を経るかを知らず。今、義公筆削の大意を究めんと欲すれば、独り頼るに行実・紀聞諸書有り。就中、梅里先生碑は公の自ら撰する所、而して西山随筆は公の諸を口に矢《つら》ねて侍臣の諸を書に筆する者、最も以て明証確拠と為すに足る。苟も能く此の意を推原し、以て全書を通観すれば、則ち後人紛紜の説、其の是非曲直、立ちどころに定むべし。

ここで留意すべきは義公の真意の「明証確拠」として自撰の「梅里先生碑」と聞き書きである「西山随筆」を挙げていることである。後半には、酒泉・佐治の二総裁が後小松紀を続編の首に附そうとするのは妄作で義公の旨に悖ることを知らないのであって、樸斎の譏《そし》りを受けたのは当然であり論ずるに足らないとし、さらに澹泊が藤原公宗を叛臣伝から除いたのは当時の世家名門のために諱《い》むという理由からであったとして、

夫れ皇統の正閏は臣子の輒《たやす》く言ひ難き所にして、義公南北の際に於いて年を編し時を繋ぐ。竊に寓意有り。本紀すら既に然り。況んや列伝においてをや。事に拠りて直書す。何の嫌ふところか之有らんや。天子の為に諱まずして公卿の為に諱む。豈に放飯流歠《りゅうせつ》（大口で飯を食べ、流し込むように汁をすする不作法な飲食）して歯決《しけつ》（歯でかみ切る）する無きを問ふに非ずや。人臣を是非する、之を何とか謂はん。

と義公の深奥に迫っている。続けて按文は、

又按ずるに、義公の学を嗜むは伯夷伝を読むより始まる。而して修史の志は亦此に基づく。其の平生譲国の一事は之の為にして泯然《びんぜん》迹無く、太伯・伯夷に愧づ。芳を梅里に尋ね、風を西山に追ふ。豈に徒ならんや。梅里先生碑は義公の親筆、甚だ多からずと雖も、然ども其の平生譲国の大節は、修史の本意に与《くみ》して皆具れり。

と述べて、修史の本意が譲国に在ることを明らかにしている。

元禄九年丙子の条は義公六十九歳、紀伝の次には年表を作ることと修史の妨げを排除して国史に全力を尽くすことの指示を記し、澹泊の「重修紀伝義例の後に書す」の全文を掲げている。その理由を義公との関連の中に次のように述べている。

一正按ずるに、当時諸老先生、歴史を参酌し、紀伝義例を重修す。詳略取捨して各其の宜しきを得るは実史の準縄《じゆんじよう》（標準）なり。澹泊先生の書後の文、修辞は典雅、立論爽快にして、古今に馳騁《ちてい》（広く漁る）す。能く人の言はんと欲する所を言ふ。彰考館の総裁に負かざると謂ふべし。義公の賞嘆するも宜ならずや。其の三難二要の説は尤も史氏の知らざるべからざる者にして、紀・志・表・伝は分て四体と為す。当時既に成議有ること、亦此の文に即して知るべし。其の頼朝以下の列伝を論じ、尽く時勢を洞すること最も深切著明と為す。後来将軍伝を立つるの議、既に此に権輿す。故に詳録して以て考に備ふ。

義公が澹泊を高く評価していたとの幽谷の認識がうかがえるが、それは条文末尾に往復書案を典拠として「公留めて座右に置き、展閲熟玩し覚の書後の文を読む」と記していることからも明らかである。また、三難二要の説や将軍伝の立伝に関する公の賛同が得られていたことの暗示にも留意すべきであろう（拙著『安積澹泊のものがたり』参照）。

四　巻之下の按文

「始末」巻之下は義公薨後の元禄十四年から始まるが、終末に至ると記述が簡略となる。それは編纂事業の停滞を示すものでもあるが、まずは最末尾の寛政九年の条に注目しよう。本文には八月、公（文公）が立原総裁を召して日本史のことを問い、紀伝を重校し史臣に侍読せしめたことがみえ、按文は次のような記載である。

一正按ずるに、日本史の成るを告ぐる、蓋し天数有り。豈に唯人力ならんや。夫れ、義公の薨ずるを距つること一有五年にして紀伝始めて稿を脱し、二十年にして始めて幕府に献じ、三十四年にして上梓の命有り、五十年にして繕写し功を竣《おわ》り、其の後高閣に束ね、徒らに歳月を経たり。古人言はずや、百年にして論定まると。方今、明公上に在り、不世出の姿を抱き、慨然として古に復し、右文の治、躅《ちょく》を義公に追ふ。而して大場大夫館事を監理し、督課尤も力む。立原先生史局を総裁し、力を陳べ滞を振ふ。義公在天の霊、其れ或いは今日に竣る有るか。

文公出でて義公を追い、また立原先生は史局を総裁して、まさに義公の志は達せられるか、という

のである。後段ではさらに、

客歳《かくさい》（去年）の冬、先生館僚に謂ひて曰く、義公百年の遠忌己未の歳に在り。相去ること僅かに三年、紀伝を校刻し、以て先君の志を成す、必ず此の期を踰《こ》ゆべからずと。是に於いて在館の士、皆激励奮発せざるはなし。（中略）嗚呼、義公修史の志ありしより、学士を聘し典籍を購ひ、天朝に請ひ、幕府に告げ、四海の広き、蒐羅《しゅうら》せざるはなし。編修校閲、多く年所を歴て稟禄《ひんろく》を耗し、金帛を費やせることその幾《いくばく》なるを知らず。もし能く今の時に及んで大業成るを告げ、先志伸ぶるを獲て、これを名山石室に蔵し、これを通邑大都に伝へなば、豈に千古の一快ならんや。

と述べるのである。「これを名山石室に蔵し、これを通邑大都に伝へ」るというのは『史記』が完成後一部を名山に蔵し、一部を京師に留めたと伝えることによるのであるが（太子公自序の末尾にみえる）、いま完成して『史記』と同様な措置が執れれば「千古の一快」だと結んでいるわけである。ここでも義公修史の達成を念願しているが、これは「始末」を通じて一貫した主張であったということができよう。

さて、全体に巻之下では巻の上に比べて按文が少なく、しかも義公に関する記述も少ない。それは義公薨去後となるから当然ともいえるが、以下若干を辿ってみよう。

元禄十五年壬午の条には続編に関する「義公経世の志」、正徳三年癸巳の条には篇目に関して「義公の旧」ではないとしたこと、同五年乙未四月の条には『大日本史』の命名に関して「義公史を修むる、未だ嘗て名を命ぜず」、同十一月の条には打越樸斎について「義公才を愛するの効、是に於いてか見るべし」と叙したことなどであるが、少なくともこれらは義公の遺志をふまえた議論といえよう。

五　むすび

会沢正志斎が「幽谷先生次郎左衛門藤田君墓表」に「先生、修史の始末を論述し、以て義公深意の在する所を明かにす」と記したことにみられるように、「始末」は義公の深意を探ったものであり、それを見事に明らかにしているといえよう。名越氏も「その按の文数多い中で、藤田が修史に関する一切の基準とした所は、言ふまでもなく義公光圀の精神である」（前掲書）と注目されたところであるが、このように「始末」の按文に留意してくる時そこには幽谷が把握した義公精神を窺うことができる。その意味で「始末」を義公の神髄に迫った論述として考えることができるように思われる。

第十三章　『修史始末』の出典註記

――特に安積澹泊関連記事をめぐって――

はじめに

『修史始末』は藤田幽谷が二十四歳の時に著したものであり、上下二巻から成る。水戸史学の研究には欠かすことのできない基礎史料であり、今日まで多くの研究者に注目されるとともに活用されてきた。しかしながら、その基礎的研究となると名越時正氏が『水戸史学』第六号（後『水戸光圀とその余光』にも収録）に発表された

「修史始末」の成立と意義――立原翠軒と藤田幽谷の関係を考察しつつ――

が唯一といってよいほどである。また鈴木暎一氏が論賛成立に言及する中で一部を批判的に検証されたくらいなのである（『水戸藩学問・教育史の研究』）。

そこで、本章ではこれまでとは異なった観点から『修史始末』を検討し、その意義を再度考察してみたいと思う。その際筆者が注目するのは『修史始末』の出典註記の方法や註記状況についてである。

検討に当たっては『幽谷全集』収録本を中心とし、さらに大日本雄弁会刊行の『大日本史』後付本や茨城県立歴史館所蔵の写本「修史略」もその都度参照したいと思う。また、内容把握として日本の名著『藤田東湖』に収録されている橋川文三氏の現代語訳、概要把握として水戸学講座『水戸の文籍(後期)』収録の仲田昭一氏の講演録をも参考とさせていただくこととしよう。

以上の準備をへて『修史始末』を熟読する時、全体に安積澹泊の役割に注目せざるを得ないと筆者は思う。幽谷が先達である澹泊を如何様に把握したか、という観点から修史事業を振り返ることによって『修史始末』のさらなる意義を見出すことができるのではないかと思っている。以下、この点を中心に考察を加えるが、「始末」と省略記述をすることもあるので了とされたい。

一 『修史始末』における出典註記

幽谷が『修史始末』を叙述する際に、恐らくは『大日本史』と栗山潜鋒の『保建大記』を参照したであろうことは容易に推察される。すなわち前者からは出典註記、後者からは「一正按」として自らの見解を述べる叙述方法である。特に前者に関して検討を加えていくのであるが、本章では割註に収められた註記のみでなく、本文中に記されている出典名をも含めることとする。それは検討しようとするのが、割註ではなく出典そのものにあるからである。

さて、幽谷が「始末」を著すに当たって参照した文献や史料は「往復書案」や『水府系纂』をはじめとしてかなりの数に及び、また「対読随筆」のような貴重なものも含まれるが問題となりそうなのは次の四点である。

1奉旨筆記　天和三年・貞享元年の条等

2年山紀聞　寛文十年の条

3続編議・樸斎正議　元文元年・二年の条

4澹泊文集　元禄九年・十五年の条等

1は内容からして明らかに「御意覚書」のことであるが、幽谷は何故か名称を変えて四箇所に引用しており、名称の変更に関する疑問がある。その理由についてはわずかに『増補水戸の文籍』に「旧名の典雅ならざるを嫌ひて、私に改めたるものならむ」と推測されるのみであって（『水戸義公伝記逸話集』の但野正弘氏解題参照）、遺憾ながら不明としなければならない。ただ、名越時正氏は河合正修の「史館旧話」（寛延三年の成立）に記録名として「奉旨筆記」がみえることを紹介されているから（『水戸史学』第五十一号所載「義公の横顔――『史館旧話』について――」）、幽谷以前に改称されていた可能性も否定できない。なお、三浦周行博士の『日本史の研究　第二輯上』にも「修史始末に奉旨筆記と改題引用して居るところの光圀の退隠中、左右に侍したものが其直話を筆記した御意覚書」という記述がみられる。

2は『本朝通鑑』にみえる呉太白始祖説に関して、その根拠となる条が木版本『年山紀聞』にはみえないことへの疑問である。結論としては幽谷が参照したものは木版本の底本とは異なるということになる。出版に際して省かれた可能性がないわけではないが、別系統の写本が存在したことも考えられ、不明な点がある（拙著『水戸派国学の研究』一四三頁以下及び木下英明氏『茨城県立歴史館報』第二二号所載「朱舜水と大日本史編纂について」参照）。

3は鈴木暎一氏により出典の提示方法が不適切ではないかとされて以来（前掲書）、宮田正彦氏や飯田瑞穂氏との間に論争が続いた。筆者もまた論争を整理し、宮田・飯田両氏の反論を補強したことがある（拙著『大日本史と扶桑拾葉集』付論及び水戸学講座『水戸の文籍（前期）』収録の拙論参照）。ここでは「始末」中に「先生」と称しているのが栗山潜鋒・安積澹泊・立原翠軒、そして「樸斎正議」の著者である打越樸斎のみであることを確認するに止めておこう。

4は改めて次節以降に言及するが、『続々群書類従』所収の「澹泊斎文集」や甘雨亭叢書の『澹泊史論』等と比較考察を加えつつ、幽谷の澹泊観を探ってみたいと思う。

二　『修史始末』にみえる安積澹泊関連の記事

「始末」の記事は天和三年の入館から始まって元文二年に没するまでに及んでおり、澹泊の修史事業への関わりは実に大きいといえる。それはまた幽谷の判断でもある。以下には澹泊の個人履歴に関する記事は除いて修史と館僚への送序と祭文・碑銘（＊印）に関する記事の年月と出典を拾ってみると、次の通りとなる（註記部分は省略）。

天和三年八月二日　元文元年答打越樸斎手簡
元禄二年夏　澹泊文集書重修義例後
元禄三年十月十四日　安積老牛口語
元禄九年七月　澹泊文集「書重修紀伝義例後」
＊元禄九年九月二十三日　澹泊文集（人見伝）
＊元禄九年十二月十二日　澹泊文集（大串元善）
＊元禄十一年六月三日　澹泊文集（佐々宗淳）
＊元禄十五年八月六日　澹泊文集「送村篁渓之江戸序」（本文では之江戸を欠く）
宝永二年　安積覚帝号議
＊宝永三年四月七日　澹泊文集（栗山潜鋒）
宝永四年夏　澹泊文集「与村篁渓泉竹軒書」
正徳元年四月　安積覚作帝号義例（記事本文、出典記載なし。ただし按文には澹泊集とみえる）
＊正徳二年正月八日　澹泊文集（中村顧言）
正徳五年五月　往復書案
享保元年二月二十日　往復書案（十一月まで）

享保三年六月　　往復書案
享保四年十月　　往復書案
享保五年五月　　往復書案
享保六年五月　　往復書案
享保十二年　　澹泊集「復平玄中書」
享保十八年　　澹泊文集「答百拙和尚書」
享保十九年　　二月十日牛老書案
元文元年冬　　按此文憺泊文集不載……「検閲議」

右のうち厳密には元文元年は出典の註記ではないが「検閲議」を掲げたのであるから出典扱いとした。（　）や「　」に収めたものは筆者の註記であるが、記載上の多少の疑問を挙げれば、

1宝永二年の「安積覚帝号議」（「澹泊文集」に収録されている）
2享保十二年の「澹泊集」（他は「澹泊文集」の表記）
3享保十八年の「澹泊文集」（同内容の「答百拙和尚書」は収録されていないが、同名で異内容のものが収められている。ただし、甘雨亭叢書『澹泊史論』下には収録されている。）

などである。内容上特に問題はないと思われるので、単に不統一や不備（あるいは省略）がみられることを指摘するに止めておこう。

これらの出典のうち、まず注目すべきは全文を引用しているものが三つみられることである。「始末」が引用する史料のうちまとまったもので全文を引いたものはこの三つ以外には存在しないから、この三文章の重みが窺えると思う。

第一に「書重修紀伝義例後」、第二に「送村篁渓之江戸序」、第三に「検閲議」であり、ともに澹泊の文章である。以下、節を改めて順次検討してみよう。

三　『修史始末』における全文引用の史料

この三文章のうち「送村篁渓之江戸序」は私的な文章、他は公的な文章ということになろうが、いずれも修史に関する重要な文章といってよい。重要だからこそ全文を掲載したともいえよう。これまであまり注目されていない「送村篁渓之江戸序」から言及しよう。村篁渓とは中村顧言のことであるが、江戸史館の総裁として赴くことになった篁渓に対して水戸史館総裁の澹泊が送った一文である。澹泊がいかに篁渓に期待するところが大きかったかを窺うことのできる文章であり、それは正徳二年の祭文にも表明されている。

さて、この文章では前半に修史の現状を概観し、今後の課題を明らかにした上で同僚の篁渓に江戸での活躍を期待したのである。

則ち邪正順逆の弁、抑揚与奪の権は、もとより存するところ有り。而して史筆の重きは、蓋しここに有り。源平の戦のごときは則ち水館の士、釐正して之を修飾し、南北の争はその責江館に帰す。而して義公の精神胆識は千載を歴て湮滅せざるもの、蓋し亦ここに在り。(『幽谷全集』八八～八九頁。原漢文、以下同じ。なお、頁はすべて『幽谷全集』によるものである。)

江水分担し、修史の実を挙げることが義公の精神に叶うことを述べ、そして同僚栗山潜鋒と協力して当たることを願い、江戸行の意義を強調したのである。幽谷の按文にもみえるが、この江戸行には編修の鵜飼真泰・多湖直・佐治元達も同行しており、澹泊は三名にも送序を与えている。篁渓への期待のみでなくこの江戸行にかける澹泊の意気込みが窺えよう。中でも篁渓への送序は「修史の本末を述べて甚だ詳」なる故に「特録」したのであった。なお、蛇足を加えれば「始末」後半の冒頭に収めていることにも留意してよいと思う。後半は義公薨去後の元禄十四年からであるが、この条には粛公が三総裁(安積・中村・栗山)に「義公之志」を成せと命じたことを記し、十五年の条に「送村篁渓之江戸序」を以てそれを具体的に述べているからである。

次は「書重修紀伝義例後」であるが、元禄六年に総裁に就任して以来澹泊のもっとも大きな仕事は紀伝義例を作成することであった。九年七月、佐々・中村両総裁とともに相議してきた「重修紀伝義例」がまとまったので(「修史義例」については元禄二年の条にみえる)、いわばその後記としたのがこの文章である。その冒頭には、

編年は事を記す史なり。紀伝は体を分つ。亦史なり。編年は実録の祖にして紀伝は諸史の帰なり。

舎人親王、日本書紀を撰んでより以降、歴世因循、著して実録と為す。曰く紀、曰く志、曰く表、曰く伝、帝王の微猷を綜覈し臣庶の行事を臚列す。治乱興廃、礼楽刑政、類聚群分、勧懲並存、燦然として見るべきものは、実に我が西山公の創為するところ、而して彰考館の由て建つるところなり。夫れ年代の悠久、機務の浩繁、実に拠りて直書し、事に即て義見はる。義を推て以て例を明かにせざるよりんば豈に能く経世の大典と成らん。故に義例の講ぜざるべからざるなり。

と書き出して義例の必要性を説く。そうして改正に至った事情を述べ、記述の実際に及ぶのである。また、修史の困難性についても詳細に述べている。いわゆる三難二要の説であるが、特に二要の「寧ろ繁なるも簡に失すること勿れ。寧ろ質なるも文に過ぐること勿れ」という義公の指示を記していることは注目すべきである。末尾には、

或いは曰く、義例はなほ号令のごときなり。号を発し令を施して、事先に在り。今、紀伝まさに成らんとす。而して義例是れ講ずること亦晩からずや。曰く、然らず。令固より前定すべし。方略は前定すべからず。其の形勢に随ひ以て方略を設く。其の設くるに随ひ以て号令を申す。孰か先と為し、孰か後と為さん。要は能く其の功を成すに在るのみ。

と述べ、義例の意義を説いている。按文には「澹泊先生書後の文、修辞の典雅、立論の爽快、古今に馳騁して能く人の言はんと欲するところを言ふ。彰考館の総裁に負かざるといふべし。義公賞嘆するも亦宜ならずや。」（以上、八〇〜八二頁）と評価し、三難二要の説を史家のもっとも知らねばならない

こととして、また頼朝伝以下は将軍伝立伝の議論の端緒と位置づけている。

第三の「検閲議」は元文元年冬、すなわち澹泊が八十二歳の生涯を終える前年（ほぼ一年前）に史館の後輩に与えた文章である。内容に入る前に幽谷の入手事情についてふれておこう。引用の末尾に「按ずるに、此の文は澹泊文集に載せず。故に今人能く知る者有るは鮮し。百方に捜し求めて之を赤水老人の許より獲る」と註記しているが、確かに「澹泊文集」や「澹泊史論」には収められていない。赤水は『大日本史』地理志を手がけた長久保玄珠であって、幽谷は赤水の七十歳の賀を称える一文で神童ぶりを発揮することになったのであり、少年時より指導を受けていた。老先輩が「検閲議」を所持していたとして不思議はないからこの註記は十分信用に足ると思われる（今日、茨城県立歴史館には澹泊の自筆文が所蔵されているが、文字使いからみると幽谷の引用はこれに拠ったのではないと思われる。『水戸史学』第十三号口絵写真及び解説参照、「検閲議」については後章参照）。「澹泊文集」や「澹泊史論」に関連する問題は後述しよう。

さて、この一文は次のような書き出しで始まる。

日本史上梓日あり。何の慶幸か之に如かん。諸君検閲の功も亦至れり。僕、壮年江館に在り。久しく吉磐斎、村篁渓、串雪蘭、栗潜鋒諸子と編修の事を同うす。

そうして、「栄花物語」などの古典の解釈や漢訳は難しかったが篁渓と雪蘭が協力して伝を書いたし、「大鏡」や「増鏡」に至ってはさらに難しく、先輩は真剣周到に準備をしたのである。それを諸君（史館の後輩）は事実の究明をせずに簡潔を求めてしまう。それで先輩は納得するであろうか、として「古人の成語、妄りに改むべからず」と述べ、義公の方針にふれる。

　義公法を立てること甚だ厳、文を騁せ辞を弄することを許さず。務めて核実ならしむ。毎に史臣に戒めて曰く、寧ろ繁なるも簡に失すること勿れ。寧ろ質なるも文に過ぐること勿れと。僕嘗て平玄中に復《ママ》する書に於いて略其の事を言い、又諸君の簽書に見えたり。或いは伝中の月日を去らんと欲するものあり。此れ殆ど然らず。

さらに具体的に、

　故に義公干支の推歩に労するを嫌ひ、直ちに日子を書せしむ。

として義公の指示を説いたのであった。末尾の部分には、

　但し恐らくは後生晩輩、未だ嘗て義公を夢見せず。而して紘を更め轍を改めんと欲す。義公在天の霊、其れ能く之を安んぜんか。抑も将に拒て而して受けざるか。皆知るべからず。此れ一毫も私を為すにあらず。而して万死公の為にす。

とさえ記しているのである（「検閲議」の解釈については水戸学講座『水戸の文籍（前期）』収録の久野勝弥氏講演録及び宮田正彦氏『水戸学の窓』参照）。老先輩の厳しくも温かい忠告というべきであろうか。とりわけ「重修紀伝義例」と同様に「寧ろ繁なるも簡に失すること勿れ。寧ろ質なるも文に過ぐること勿れ」という義公の指示を再三にわたって伝えたことは澹泊のもっとも大きな功績であろう。この文章

に徂徠学の排撃をみることについては別稿（拙著『現代水戸学論批判』）に言及したので繰り返さないが、按文に「老牛先生の昌言、之を排する、亦宜ならずや」（以上、一〇八～一一〇頁）とみえることを指摘しておこう。

四 『修史始末』にみえる祭文・碑銘

先に掲げた澹泊関連の記事中祭文・碑銘にふれているのが人見・大串・佐々・中村の四名であり、人見を除いて一部を引用しており、栗山については酒泉・佐治両総裁宛の書簡がその代用といってよいと思われる。栗山ともどもこの五名は総裁を務めているが、「澹泊斎文集」には鵜飼真昌と人見道説の碑銘も収められているところからみれば、幽谷が修史上もっとも重視したのが、大串・佐々・中村、そして栗山の四名ということになろう。幽谷はどのような点を評価し、修史上に位置づけたのであろうか。引用の祭文・碑銘と幽谷の按文によって探ってみることとしよう。

まず大串元善（雪蘭）からみてみよう。「検閲議」にも篁渓と雪蘭が通暁しがたい「栄花物語」のような古典（国書）を解き伝を成したことを称え、「皇朝典故に通じ、詞意深邃にして事実は捉模すべからざるものと雖も、考究研覈して能く其の要領を得る。櫛比縷析、歴々として目前に見るごとし。」（八四頁）と述べている。惜しいかな、多病ゆえ総裁就任後二ヶ月も経ずに三十九歳で病没したのであった。この碑銘は「澹泊斎文集」にはみえていないが、『年山紀聞』巻四には「雪蘭居士大串元善碑陰」と題して収録されており、引用は中程の三分の一くらいとなる。

なお、元禄五年の条には「彰考館総目」を作成したことを記した後の按文に、

一正、諸を前輩に聞けり。雪蘭命を承て十二篇小序を作る。一夜にして成る。公大に褒賞す。今其の文を読むに典雅にして俊逸、才学倶に優る者にあらざれば為すあたはざるなり。安積先生嘗て雪蘭を称して以て古の良史を庶幾すべしと為すは虚語にあらざるなり。（七九頁）

とみえていることも付加しておこう。

佐々宗淳（十竹）は「剣を杖にして江戸に遊」び、やがて義公に近侍した人物である。「四方に奉使して遺書を求め、得る所最も多」く、さらに「強記博洽にして譜牒に精しく、史筆を秉《と》りては能く疑義を決して古今に淹貫す」と述べ「古の人」（八五頁）かと評している。その他史料収集に関しては天和元年・貞享二年・元禄五年の条等にもみえ、特に元禄五年の条では楠公建碑の件にふれている。また、修史に関与する条にはたびたび宗淳に及び、その役割に言及している。

中村顧言（篁渓）については「送村篁渓之江戸序」でもふれていたが、祭文には次のようにみえている。

館職に供ふること四十有六年、精錬通達、漢廷の老吏の如し。事の疑しきものは剖て之を析し、文の晦きものは闡きて之を明かにし、義の鑿つものは鏟て之を平らかにし、辞の蔓るものは耨て之を芟る。櫛の髪における、績の糸における、務て核実を帰せしむ。而して典贍閎富、筆端を運

し、蒐羅錯綜、余力を遺さず。慨然として編纂を以て己の任と為す。

そして末尾に「又其の碑銘を作りて曰く、館に在ること四十余年、今古を証拠して精錬通貫、断簡蠹編を鳩集し、幽かなるを闡にし、隠れたるを抉り、大いに史策に功有り。」（以上、九七頁）と碑銘を引用している。実はこの碑銘も澹泊の執筆に拠るのであるが、「澹泊斎文集」には碑銘のみが収録され祭文はみえていない。そうしてみると、澹泊は送序と碑銘と祭文を篁渓のためにものした訳であるから、そこに澹泊の篁渓に対する思いを十分に窺うことができよう。

最後に栗山愿（潜鋒）であるが、宝永三年の条にみえる「寄泉竹軒佐竹暉両総裁書」から引いてみよう。長文ではあるが、幽谷の引用は半分強ほどとなる。冒頭には「往年潜鋒栗子、編摩の暇、私に諸家の記載を閲して後小松・称光・後花園三帝紀を作る。名づけて倭史後編と曰ふ。以て僕に示して曰く、請ふ、我が為に刪正せよ、と。僕、熟読玩味して其の攷索の精、用力の勤を嘆ず。他日其の全書を見ることを約し、之を還す。数月ならずして栗子病に罹りて起たず。後嗣未だ定まらず。僕、其の散軼を懼れ、親故に託して之を取る。」と述べ、著述の目的や経過にふれている。ただ、澹泊が「倭史後編」を続編の史料として提供しようとしていることは修史上の大きな疑問であるが（拙著『現代水戸学論批判』参照）、按文には次のようにみえている。

潜鋒先生の学術文章、其の概、保建大記に見はる。正大の論、雅健の辞、人をして推服せしめ、自ら已む能はざらしむ。此を以て史書を総裁し、譬ばなほ利刀を操りて美錦を製するがごとし。

亦愉快ならずや。（中略）惜しいかな。先生蚤く没して、全書の成るを見るに及ばず。部分の議、論賛の撰、与かるところ有るなし。（九二頁）

幽谷の潜鋒に対する評価の一端を窺い知るのであるが、元禄十年から宝永三年に及ぶ総裁としての期間は決して長くはない。しかし、義公薨去を挟んで、総裁としての職務に全力を傾注したといえよう。「始末」が記すところは澹泊とともに「神功皇后論」「再検本紀随筆」を成したこと、粛公から「克く義公の志を成せ」との面命を受けたこと、「書彰考館名簿後」を著したことなどであるが、また幽谷が潜鋒の『神皇正統記』研究を通じて国史の研鑽に努めたことにも注目しなければならないであろう（名越時正氏『水戸学の研究』及び拙著『現代水戸学論批判』参照）。

五　幽谷の澹泊評価

幽谷が修史上における澹泊を高く評価していることはこれまでの叙述によって明らかであるが、同時に批判も存在することを見逃してはならないであろう。そこで再度「始末」から主な記事を掲げて澹泊に関する修史上の役割を考えてみよう。

天和三年　　史館に入る。北朝五主の件を語る

貞享四年　　「帝大友紀議」を著す（年月？）

元禄四年　　五月の項の按文に藤原公宗の件を論ず（幽谷）

元禄八年　本紀書法数条を議定す
元禄九年　佐々・中村等と「重修紀伝義例」を議す
元禄十二年　「神功皇后論」を作る
元禄十三年　栗山とともに「再検本紀随筆」を成す
宝永元年　「北条政子伝」の立伝を建議す
宝永二年　「帝号議」を作る
宝永四年　大井とともに列伝を校訂し「通例十条・特例十一条」を議定す
宝永五年　神代・大井とともに列伝の部分を議す
正徳元年　「帝号義例」を作る。本紀を検し、随筆有り
正徳三年　大井広とともに志目を議定する
正徳五年　藤原公宗を叛臣伝から出して七世の祖公経伝末に附す
享保元年　本紀・列伝の論賛を撰す
享保三年　大学頭林信篤に「大日本史序」を請う
享保五年　千任丸・源師仲・道鏡・藤原仲麻呂・源義朝等を議論す
成公に代わって大日本史後序を作る
享保六年　総裁へ偽撰の件について建議す

これらをみると、澹泊が修史上の重要事のほとんどに関与し、宝永四年六月に総裁を辞した後も依然として関わり、最後が元文元年の「検閲議」となるのである。ここでは、幽谷が批判を加えた正徳五年の条にみえる藤原公宗を叛臣伝から出した一件を検討してみよう。この件は元禄四年の条にもみえるから、まずこの条から言及する。この年の五月の項では義公が西山に隠居したことをはじめ、いわゆる三大特筆についてふれているが、按文では酒泉・佐治二総裁の続編計画が義公の精神に悖ることを述べ、そして澹泊の一件に及んでいる。

安積先生建議して、藤原公宗を叛臣伝より出す。誘て云ふ。当時世家の右族の為に諱む。夫れ皇統の正閏は臣子輒く言ひ難きところ、義公南北の際に於いて年を編み時に繋ぐ。竊に寓意有り。本紀すら既に然り。況や列伝においてをや。事に拠つて直書す。何の嫌ふところ之有らんや。天子の為に諱まずして公卿の為に諱む。豈に放飯流歠《せつ》して歯決するなきを問ふにあらずや。人臣を是非する之を何とか謂はんや。（七八頁）

右は明らかに澹泊の措置への批判である。正徳五年五月の項にも「此の議疑ふべきの甚だしき、当時の総裁敢へて争はざるは何ぞや。」（九八頁）と述べている。藤原（西園寺）公宗は建武中興の際に北条時行等と謀って武家再興を企図した人物であって、そのために叛臣伝に入っていたのであるが、それを今出川氏の先祖であることを以て他へ移したのである。幽谷はそのことを痛撃したわけである。澹泊にしてみれば今出川公規（菊亭公）は粛公綱條の室の出自であるから配慮したということであろう（木版本では叛臣伝に収められている)。

なお、直後の十一月の項に大井松隣の「大日本史序」を絶賛し「澹泊の老練と雖も恐らくは此に及ばず」(九九頁)と述べたことに直接の関連をみることはできないだろうが、何かしら批判に通ずるものを感じさせるのである。後年のことではあるが、青山延于に宛てて「藤原公宗の事、叛臣へ入候而相当之人物、左様無之候而ハ、史筆不正候様思召候由、御尤千万奉存候。少々避嫌候事ハ、於大義は構ひ不申候事と存候」(『貴重書解題・第十四巻書簡の部第三――藤田幽谷書簡――』八二)と書き送っているところをみると延于も同感だったと思われるし、「於大義云々」に不変の幽谷判断を窺うことができよう。

さらに問題なのは享保五年の六月の項にみえる「叛臣、源頼朝に過ぐるなし。而して其の頼朝の父為るを以て、已むを得ずして諸を叛臣伝に載せず」である。幽谷はこの箇所に割註を挿入して次のように述べたのである。

按ずるに、此の説暁るべからず。叛臣の子、始めて覇業を興して、世道の大変を見るに足る。義朝の罪、実に誅を容れず。而るに頼朝の為に諱むは何ぞや。豈に此の書を以て覇府の諛史と為すか。(以下略、一〇三頁)

義朝が頼朝の父たるを以て叛臣から除外したのであるが、恐らく将軍伝の立伝に意を用いたほどであるから武家政権への配慮といえるのではあるまいか。それは徳川氏が源氏を称したこともあずかってのことであろう。このような澹泊を先生と仰ぎ、正徳五年（「大日本史」の命名に関して義公の意を推し量ったこと）や享保六年（「足利治乱記」と「京極家譜」を偽書として取るべきでないと断じたこと）の条に修史上の役割を評価しつつも、一方では大義上から遠慮ない批判（幕府及び幕府的学者に対する妥協的傾向への批判といってもよい）を加えたのである（拙著『現代水戸学論批判』参照。また貞享四年の条の「帝大友紀議」及び宝永元年の条の北条政子伝の建議についても同拙著参照）。

六　出典としての「澹泊文集」の疑問

「始末」の註記にみえる「澹泊文集」や「澹泊集」が『増補水戸の文籍』や『続々群書類従』にみえている「澹泊斎文集」であることは確かであるが、幽谷が実際に参照したものが今日知られるものと同一であるかどうかについては疑問がある。先にもふれたが、それは享保十八年の条に引用されている「答百拙和尚書」が「澹泊斎文集」には収録されていないからである。ただ、「澹泊斎文集」には同名ではあるが異内容の文は収められている。これをどのように解すればよいであろうか。これに関しては『増補水戸の文籍』にみえる、

凡十八巻。十巻は文にして。八巻は詩なり。其の中文八巻は。明治四十二年。続続群書類従に収められて。活刷成る。是より先き。安中城主板倉氏。史論に属する文を抄出して。一冊となし甘雨亭叢書中に加へて。既に刊行せられたり。

を参考としよう。これによると、類従には文二巻分が収録されていないから、「答百拙和尚書」は元来この部分に収録されていたとも考えられよう。それは甘雨亭叢書の『澹泊史論』下に収められており、甘雨亭叢書下の巻末にみえる「書澹泊先生史論後」に「余嘗て其の文集を得て此を閲す。史論若干首……乃ち抄録して二巻と為す」と記されている通り『澹泊史論』そのものが「澹泊斎文集」から史論のみを撰んで編修したものだからである（「余」は編集者の安中城主板倉勝明のこと。刊行本は三冊であるが、史論部分は上中二冊であり、これを二巻としているのであろう）。

さらに、二・三を付加しよう。

例えば、先にふれたように「始末」には中村顧言に対する祭文が引かれているが、註記の「澹泊文集」にはみえていないし（碑銘はみえる）、また大串雪蘭の碑銘もみえていないのである。そうすると、文二巻分に含まれていたことになろう。次は「検閲議」であるが、これほどの重要な文章が何故に「澹泊斎文集」に収録されていないのかは最大の疑問といってよい。「澹泊斎文集」に収録されていれば幽谷はあれほど入手に困難を来すことはなかったであろう。少なくとも幽谷が参照した時点では「検閲議」が収録されていなかったのであるから、文二巻分の部分があったとしてもそこには含まれていなかったということにならざるをえない。

なお、『澹泊史論』には上下二巻（これが三冊のうちの上・中で、もう一冊の下は付録としている）は文字通り史論であるが、上巻に収める都合九つの文章が「澹泊斎文集」には収められていない。下巻収録分はすべて「澹泊斎文集」に収められている。「始末」に全文収録の三文のうち、「書重修紀伝義例後」は上巻に、「送村篁渓之江戸序」は付録に収められている。そうすると、「検閲議」が「澹泊斎文集」に収められていたとすれば当然にして『澹泊史論』上巻に収録されていたとして不思議はない。

以上のようにみてくると、「答百拙和尚書」、中村顧言に対する祭文、大串雪蘭の碑銘等は文二巻分に収められていたことになるから、板倉勝明の編集時には十巻が揃っていたはずである。しかし、上巻冒頭の「澹泊安積先生伝」に「澹泊斎文集八巻」とみえ、刊行本『続々群書類従』収録本の巻末に「右澹泊斎先生文集八巻、寛政壬子秋九月、謄写校合卒業彦」とあるので疑問が残る。寛政壬子が四年で「始末」成立の五年前に当たり、類従収録の際(少なくとも収録時の底本)は八巻だったからである。

おわりに

澹泊が亡くなった元文二年の条には門人徳田庸の祭文を掲げ、その後の按文に次のようにみえている。

澹泊先生の史館に於ける、駿功偉烈、卓乎として盛なるかな。修史に先んじて生まれ、其の功を終えて没す。豈に偶然ならんや。論賛の作、古今を馳聘して和漢を淹通す。他人に在りては則ち其の博洽ならざるを病み、先生に在りては則ち其の博洽に失するを病む。今日の校讐は実に百年論定まるの秋、先生を九原に起すあたはざるは、是れ憾むべきなり。(一一一頁)

この一文に幽谷がみた修史上における澹泊の役割のすべてを窺うことができるように思われる。とりわけ「他人に在りては則ち其の博洽ならざるを病み、先生に在りては則ち其の博洽に失するを病む」の意味するところは深淵といわなければならない。この時期幽谷は続編問題に関して酒泉・佐治両総裁を厳しく難じているが、論賛に関しての批判は見あたらない。論賛削除に関する本格的議論は後年のことであり（削除の正式決定は文化六年）、「始末」では問題としていないことに注目すべきであろう。

「始末」において幽谷が先生と称しているのは既に指摘したように四名のみである。そのうち翠軒は今まさに総裁であることへの敬称であるから他の三名とは意味合いが異なるであろう。「始末」は翠軒に提出されたものだからである（寛政九年八月の「校正局諸学士に与ふる書」に立原先生とみえるのも同様に考えてよい。「始末」は二カ月後の脱稿となる）。また、樸斎は続編問題に関しての判断力量に対するものであり、潜鋒は義公の精神を最もよく継承した先輩として仰いだからであり、澹泊は一部批判を加えてはいるが修史全般にわたってその役割を高く評価したからであろう。さらに祭文や碑銘（澹泊による）の引用からみて、潜鋒はいうまでもなく、大串雪蘭と佐々宗淳と中村顧言を高く評価していたとすることができよう。このようにみてくると、「始末」を通じて幽谷の先輩諸氏の修史上における位置づけが窺えるとともに、幽谷の澹泊観と「澹泊（斎）文集」の史料的役割が表明されているといえよう。

最後に「始末」の叙述上の性格を述べておこう。第一に「始末」が修史上のすべてを叙述したわけではないことである。叙述目的は寛政九年の脱稿時における幽谷の関心事であった続編問題を中心としつつ、義公の修史精神を明らかにすることにあったと考えられ、この観点を「始末」から読み取らねばならないと思われる。第二にはこれをふまえて各総裁達の役割を考え、史料を引用していることである。その引用はすでにみた通り、全文あり、部分あり、名称のみあり、という状況であるが、例えば修史上は重要と思われる「帝号議」や「対読随筆」等の本文（一部さえも）が引用されていないのは紀伝の叙述に直接に関わるもので、いわば文章の叙述方法であり技術的なものだからであろう。それに対して全文を引用している三つの文章は修史全般に関わるものであり、それは義公の編纂方針に直結するものだからであろう。したがって、「始末」の叙述には幽谷の修史精神とその状況把握が如実に表明されており、ひいては幽谷の歴史観を窺うことのできる主著ともいうべきものといえよう。

第十四章　藤田幽谷『勧農或問』考

はじめに

『勧農或問』は水戸では特異な著述である。特異というのは農政書は他にも多く存在するが、一青年が現状を分析して解決策を見出すとともに、その方策の順序や源泉にユニークさを感ずるからである。書名の通り、農業の勧めであり、それを問いに答える形式で説いたものであって、年少時に「神童」として世に吹聴された藤田幽谷の二十六歳における著述である。それまでは、もっぱら基礎的学識を養いつつ史学的方面に力を注いでいた幽谷が、本格的に現実社会の矛盾に目を向けて、現状分析をふまえつつその解決策を考察したものであり、すでにその一端を封事(藩主に対する建白)として表明してはいたが、社会の根幹としての農業の育成なくして抜本的解決は図れないとの思いによるものであった。それは、後期水戸学が主張する「学問事業の一致」の濫觴としても位置づけられるものであって、後年の郡奉行としての実践の源泉をなすものといえよう。

一　『勧農或問』の構成とその主張

『勧農或問』は上下二巻から成るが、上巻では冒頭に「勧農総論」を置き、次いで当時（執筆は寛政十一年）の農政上の弊害を五か条（五弊）にまとめ、下巻ではその解決策を論じている。その項目は、上巻が（【　】に示したのは後にふれる高野昌碩『富強六略』の関連項目である）、

勧農総論
侈惰《しだ》の弊　【節倹】【禁遊】【慎終】
兼併《けんぺい》の弊　【開荒】
力役《りきやく》の弊　【省役】
横歛《おうれん》の弊
煩擾《はんじょう》の弊　【省役】【育子】

から成り、下巻は上巻の順序を逆から論じている。冒頭にその理由を述べ（『幽谷全集』の頭注には「五弊緩急」とある）、以下の項目を立てている。

煩擾を去るの術
横歛を除くの術
力役を均しくするの術

兼併を破るの術
侈惰を禁ずるの術

そして、末尾にむすび（全集の頭注には節用愛人の道とある）の文章を添え、「寛政十一年丁巳孟秋無名居士書於困学斎」と記している。この記載によって『勧農或問』が寛政十一年の執筆であることが知られるが、十一年の干支は己未であるから恐らくは誤記であろう。丁巳であれば九年となるからである（瀬谷義彦氏『日立史苑』第五・六・七号収録「大内玉江の農政論（上）（中）（下）――『勧農或問』批評を中心に――」）。「無名居士」というのは「丁巳封事」（寛政九年提出）以来罪を得て免職となっており、帰郷を余儀なくされていたからである。免職は寛政十一年十二月の義公百年忌まで続く。したがって、『勧農或問』は一史館員にすぎなかった青年が不遇のうちにも藩の現状に深い憂いを抱き、その解決策を見出そうとしたものということができよう。

それでは幽谷の主張はどのようなものであったのか。まず総論では、税の不公平、農村人口の減少、貧富差の拡大、役人の無策などを指摘し、いわば現状分析である。侈惰は奢って横着となり、勤労よりも奢侈を好む風潮であることの謂いである。兼併は富裕なものが不正な方法で土地を買い漁る状況を指す。力役は年貢の他、高に応じての諸役のことである。横斂は年貢の他に割り増しの税をかけたり、他に夫金（人足米）や縄代などの諸掛かりがあり、特に三雑穀切返しの法（畑で栽培する大豆・稗・荏にかける税）のことをいう。煩擾は法令が複雑で些事に手数がかかり、そのために民力が衰えることである。これらの現状分析をふまえて、下巻ではその解決策を提示する。

冒頭に、仁政を施すためには煩擾の弊より手を下すことから始めて逆様に除くべしと述べている。煩擾を去るためには人員を整理するとともに選任や賞罰を厳正にして、任免や処分の権限などを委任するようにすべきことを説いた。横斂を除くためには正当な税法を行うことを主張している。不当税としては二割延べ・口米・鳥運上などもあるが、とりわけ三雑穀切返しの法を廃止し、米価を時価相当の額に引き上げることを提唱したのである。当時は金一両は米二石五斗相当であったが、これは百年来の旧法で、改正すると減収するから藩庁では変更しなかったのである。それを幽谷は時価相場で換算して一両一石とすべきことを主張して、代わりに不当な税制を改正しようとしたのであった。力役を均しくするためには高掛けを廃止して、均役とすべきことを説いた。高掛けは田畑の石高を基準に労役を割り当てることをいうが、石高そのものが実態に合わないことを見抜いていたからである。均役は労役を誰にでも均等に割り当てることをいう。

以上の三弊害は藩庁の意図次第で改正できるから、下巻での主張の順序は実に当を得たものであろう。これに対して、残りの二弊害はいわば民間の、しかも人々の心懸けによるものであるから性格が異なるものといえる。続けて二弊をみると、兼併を破るためには均田の法を実行し帳簿と実際の面積を一致させて定免とし、さらに限田の法で兼併制限を行い、耕作可能な土地保有を図るべきであるとした。これは当時負高《おいだか》が行われていたからである。土地売買の際に、例えば十段┣石高であれば買い主に七段を渡すが石高を三石とし、残り三段を七石と届け出るのである。そうすると、買い主の年貢と労役などは三石分で済むが、売り主は三段であるにもかかわらず七石分を負担しなければならないこととなるのである。このような不正の土地売買が存在したので、これを正すことを幽谷は意図したのである。侈惰を禁ずるためには商人の勢力を抑え、日常品以外の売買を禁止し、風俗を取り締まることなどを論じている（内容の把握には塚本勝義氏『藤田幽谷の思想』、『藤田幽谷の研究』収録の薄井己亥氏「藤田幽谷の農政論」、『水戸市史』中巻二、島崎隆夫氏『三田学会雑誌』五十二巻五号収録「近世農政思想の一考察――幽谷の場合――」、小室正紀氏『三田学会雑誌』八十二巻特別号Ⅱ収録「水戸学藤田派農政論の認識と思想」等が参考となる。以下『水戸市史』といえばこの巻を指す）。

これらの主張の中で注目すべき事は、各条の方策には威義二公（初代頼房と二代光圀）の時の政策をふまえていることである。いわば、義公回帰は現実政策の面にもみられるということであり、史業のみにとどまらなかったのである。

幽谷の主張は若き日のものであり、目下の課題に関心を寄せているのであるから政策万般に及ぶものでないのは当然であるが、その彼が現状に対して自らの思いを披瀝し、解決を図ろうとしたことには大きな評価が与えられねばならない。また、幽谷は後に郡奉行として直接に民と接して富農富民を目指したのであるから、これも加味しなければならないであろう。

二　『勧農或問』の批評（1）

『勧農或問』の梗概は以上であるが、その中心とするところは叙述分量の豊富さと詳細さからみても「兼併の弊」の条であろう。後年のことではあるが、大内正敬《まさよし》（号は玉江）の批評が知られるので以下これを紹介し、兼併の問題を考えてみよう。参考にさせていただくのは瀬谷義彦氏の『郷土ひたち』第九号収録の「大内正敬の勧農或問批評――水戸藩党争史解明の一試論――」という論文である。この論文では、正敬の批評の紹介とともに立原派（正敬は立原門下の小宮山楓軒門人）と藤田派の党派対立の観点からの注目すべき指摘がなされているが、ここでは正敬批評の若干を検討してみよう（なお、批評文の引用は小室正紀氏『三田学会雑誌』八十四巻三号に掲載の「幕末農政論争の一重要史料――水戸藩郡方手代大内正敬による『勧農或問』批評」の全貌――」の翻刻による）。

近頃にては徂徠の政談、春台の経済などハ文章の健なる、理論の詳なる事ハ、此或問などの及ぶ処に非るものなれ共、世に用難けれバ古の名君賢佐の時に逢てさへ其のみにて、只に読書家の玩物となるばかりにて、終に一として用ひられたるといふ事を不聞。いかんとなれバ、文人は筆を舞して我思ふ処はよき程に書なし、我あしき処は悉く害になる様に〔いゝて〕、其上一見識を不発れば何れ役立たぬ学者の様に心得、先々の事をあしく云なし、或は形もなき古のことを取立、筆を自在に取散すゆへ、一ト目見ては見事に見ゆるなれ共、然バとて行ふ段に至りては中々届く事にあらず。たとへバ講釈をよくする儒者の行壮、ひとつも論孟の旨に不合が如し。行と言とハ別物にて、論だまされ、今に此事行べしとおもふハ大なる誤なり。

「春台の経済」は『経済録』をさすのであろうが、正敬は儒者の論には厳しい批判の目を向けていた。瀬谷氏はこの箇所について左の解説を加えられている(前掲論文)。

これによれば、徂徠や春台の経済論も、儒者の経済論の一般的欠陥をもつものとされ、そのようなものは徒に読書家の玩物となるばかりで、一として実行されたことがないとまで非難している。そして勧農或問は、文章や理論の点で、到底徂徠や春台のものの及ばないという。これは勧農或問が、空理空論を弄する粗末な机上論であるというに等しい論法であるといわねばならない。それに何か人と変った一見識を発しないと役立たぬもののように考えるのは、学者の見栄と断じ、あるいは儒者の言行不一致を非難しているが、これらはすべてそのまま幽谷に対する言葉であるとみられよう。

ここに何も付加すべきことを私は認めないが、正敬の批評は感情的な酷評とでもいうべきであろう。だから、瀬谷氏はさらに「単に農政上の問題にとどまらず、立原派の藤田派に対する批判の根底をなすものであると考えられる」(同上)といわれるのであろう。

また、瀬谷氏はもっとも重要な主張である兼併の問題についても言及されている。兼併論に対する正敬の批判は以下のようなものであった。「此兼併の条は、他国の事を少し聞て、筆まかせに書たる物と見へて、実用少し」と前置きして次のように述べている。

第一御国は御先代より田地売引明白にして、民間も大抵に、なかから抽《ぬきんで》たる豪民の甚少き事は他に並て見る時は目前に分る事なり。扨御国中、位に少々づつ百姓の不同有るハ古より然る事と見へて、天下の間物の不斉ハ物の情なりといふ事をしるべし。其貧窮にも又次第あり。何程働ても田禄少く仕合あしき事多くして困究するもの有り。又大もの草にて酒色に耽り貧するもの有り。富るものも、親より貰ひ受て富ミ非道をする者あり。自身農事を出精して富む者あり。聖人の世といへども、古口分田の時といへ共、貧福は有りたると諸書に明白なり。然れバ先づ御国中は先御代の政行届て、兼併を大さうにとり立るほどの豪民ハなしと思ふべし。少しの貧福を此書の儘《ママ》に意得て平均せんとせバ、老子小鮮のたとへの如く、却てかきまハし過て肉の味を失ふ事有るべし。又何程田地を平均して与へたりとも、人々勤惰強弱はなくて叶ぬ事にて、却て手余りの田地多き事もあるべし。

この一条をもってしても正敬の幽谷批判は明らかというべきである。特に正敬が御国、すなわち水戸藩であるが、先御代の政策が行き届いていたために兼併を大げさに取り立てていうほどのことはなく、豪民などは存在しないというのであるから、幽谷の現状認識とは大きな隔たりがあろう。正敬は貧富差についての幽谷の論述を批判しているのであるが、幽谷も「物の不斉は物の情なり」（『孟子』滕文公上編からの引用）を引いて貧富差の存在を認めつつ、兼併にまつわる不正によってその差がさらに増大することを指摘して改革の必要性を論じたのであるから、正敬の批判は正鵠を射るものとはいえないであろう。瀬谷氏は、農政論そのものとしての意義に加えて、「幽谷においては、現実批判的であり革新的であるに対して、正敬は現実肯定的であり、妥協的である」（前掲論文）と評され、農政論を通じて政争化に発展することに重要な意義があるとも論ぜられている。

正敬の批評に対して若干の弁護をすれば、幽谷が、

某、元より愚賤、ただ憂国愛民の心より古を考へ今を揆《はか》り、五の大綱を見得しが、本より其の職に預からざる者なれば、郡吏村民委曲の談に至りては、平生見聞の違ひ、又了簡違ひも有るべけれども、大体に於いては少しく見る所あらんか。（或問の五弊の目、其の説如何『水戸学全集』収録本一一五頁）

と記していることは自らの立場の十分な認識であり、それでもなおかつ著述しなければならなかったという思いを考慮すべきではなかろうか。

三　『勧農或問』の批評(2)

大内正敬の批評に関しては瀬谷義彦氏の紹介を参照させていただいたが、実は小室正紀氏によって批評の全文が紹介されていたのである（『三田学会雑誌』八十四巻三号収録の前掲論文）。先の引用はこれによったのであるが、正敬の批評は文の長短はあるけれども都合七十四条に及んでいる。小室氏の解

説によって再度正敬の批評を紹介してみよう。小室氏は次の四点を重視されている。

①藩主導の制度的改革に対する徹底した消極性
②実務経験主義
③徳治主義
④消極的民富論

①は減税であっても増税であっても制度の改革には強く反対しているとする。②は経験に基づかないのは儒者の空論と批判するが、必ずしも当っているわけではないが、理ではなく経験重視の姿勢に注目すべきである。③は眼前の富国の達成より人倫を重んじ、教化教導を行うべきだとして、自らを孔子道とする一方で幽谷の姿勢を法家流、徂徠風の異端であるとする。④は幽谷の主張が農民の平等を崩すものとして批判する農村商業も税制上の不備の改正も、ともに反対し、旧法のままを唱えている。それは改革が理念通りにはならず、結果として民力を削ぐことを恐れたからであるとし、保守的にみえる議論の中にかえって進歩性がある場合があるとし、素朴な民富論につながるものが隠れているとすべきであるという。

以上が小室氏の批評要約であるが、要するに経済認識の相異が存在するということであろう。特に幽谷が強く批判している徂徠学を、逆に幽谷の改革が制度上のものであるとして、また徂徠学風として批判した正敬の態度は果たして正当なものであろうか。たしかに徂徠学の隆盛は認めなければならないが、制度的なものがすべて徂徠学と結びつくものではないであろう。制度上の不備を衝いて得た富裕農民の富を削り、それを貧民に回すことによって農民間の平等を達成しようとの思いは、長年の制度疲労がもたらした不平等の解消のための至極自然の流れから出るものであったろう。

それは、幽谷の外にも類似の制度改革を主張するものが出現したことをみれば明らかであるが、しかも単に制度改革のみを主張したわけではなく、もとより人倫を正し、徳を治めることをふまえたものであり、いわば制度改革と徳治を政治の両輪として捉えていたものであったというべきであろう。

四　『勧農或問』の背景

『水戸市史』には農政書として十七部が紹介されているが、これらの存在はいかに農政改革が喫緊の課題として認識されていたかの証明でもあるが、その成立時期は寛政から天保期に及んでいる。その中で文公（六代治保）時代に成立した著作に特に留意すべきであろう。それは文公なくしてこの時代の改革風潮は醸成されなかったからである。その農政書を列挙すると次の七部である。

①皆川教純意見書（寛政元年、皆川教純）
②足民論（寛政元年、木村謙次）
③芻蕘録（寛政二年、高野昌碩）
④勧農或問（寛政十一年、藤田幽谷）

⑤富強六略（寛政十一年、高野昌碩）
⑥籠田の水（寛政十二年、高野昌碩）
⑦鶴見九皐遺策（寛政中、鶴見九皐）

それぞれの紹介は『水戸市史』に譲ることとして皆川・高野・藤田は相前後して郡奉行を経験するが、とりわけ交遊が親密であった高野と木村は幽谷に多大な感化を及ぼしたと思われる。木村については別に論ずることとして、ここでは三論を著している高野についてふれておきたいと思う。

高野は元来医者であったが、郡制度の改革によって小宮山楓軒とともに郡奉行に採用された。楓軒はその高野と図り、幽谷の史館復職に尽力してもいる。吉田一徳氏によれば、附家老中山備前守に幽谷の赦免を働きかけた際に『勧農或問』の作者を隠して備前守に呈したところ、作者名を尋ね、わが藩の者かとの問いに対して漸く幽谷の名を告げたとのことであり、備前守は赦免を約束したという（『大日本史紀伝志表撰者考』六九八頁）。この逸事は『楓軒紀談』によるが、仲田昭　氏も紹介されている（『慈愛の郡奉行小宮山楓軒』）。ここに『勧農或問』の当時の評価の一端が窺えようが、また高野は自らの著作で幽谷と類似の主張を展開していたことにも注目してよいであろう。例えば、『富強六略』には郡奉行に関しての任地在勤制を強調した箇所がみえている（『日本経済大典』十四）。

専ら郡県之をさめをつかさどり候職故、やはり便宜よき村方に役所を構へ、手代共も同居仕候得ば、郷村の利害、年穀之豊凶も居ながら察せられ、手代元〆等に至る迄、近村之往来には人馬を費候に不及、其上滞留之日数も減少いたし候間、村さし銭かかり少く、庄屋組頭共は御城下往来之物入を省き、猶又郷村之取しまり万事行届、役を省之一策に可有之候（省役第四）

ここには『勧農或問』の「煩擾の弊」にみえる次の主張と相通ずるものがあろう。

箸の折れたる程の小事も一分にて決断せず、相互に人にもたれて事を行ふ故に、少しく常に異なることとあれば、何時も小田原評定となりて、民の申し出ること即座には埒明かず、其の村にすむ事も役所に出る、役所にてすむ事も伺ひになり、村役人の往来繁く、日返りの筈も泊りになり、一日にて済ますかとすれば、三日も四日もかかる、其の逗留往来の費、例の村割り高掛けになれば、小民の費一年にかけては莫大なり

ところで幽谷を批判した正敬でさえ、郡制改革が農村復興に役立つことを認めているのである（『水戸市史』）。それは正敬が弘化二年に著わした『清慎録』（『日本農民史料聚粋』十二）に、坂場与蔵（流謙）の難村対策具申や楓軒が種々の実践（種々の改革としてもよい）が記されているからである。例えば次のような記述がある。

夫より十四ケ村の役人百姓を一座に呼び聚め、孝貞を守り農業をはげみ、博奕を止め飲酒を節にし、各心を一にして是れ程迄に上の御世話ある処の難有を感じ奉り、意を翻し料簡を改め、一かど富有の村となり……

とか、

是より先生（楓軒のこと）廻村の度ごとに一村ぎりに退屈もなく庄屋を側に呼よせ置き、自身も必ず馬駕輿にものらず歩行立にて心静かに道すがら物語りに……

とか楓軒の実践がみえているが、楓軒退職後は鈴木源左衛門が跡役になり、「かやうの事をうるさく思ひ一向達せざりければ、村々役人扱ひあしく百姓も物毎ゆるんだる心地して怠り出来候」という状況に至ったとも記されている。要するに任地に在勤した郡奉行の人物如何によるということであろうが、それは制度改革の否定に必ずしも繋がるものではなく、幽谷批判とは矛盾することとなろう。その正敬自身が改革された制度の真只中に身を置いていたからでもある。

なお、『清慎録』に「貨殖の仕法と云ものは一旦の計策にして長久の法に非ず」とみえることをもふまえてみれば、現状の改革を目指した農政論としての幽谷の主張は十分に認められねばならないであろう。

五　『勧農或問』の評価

『勧農或問』が幽谷の重要な著作であることは当時からの認識であった。例えば子息東湖の「先考次郎左衛門藤田君行状」や高弟である会沢正志斎の『及門遺範』及び「幽谷先生藤田君墓碑」に『勧農或問』への言及がみえることはその証左といえるが、具体例の若干を引用しよう。まず『逸民集』（『幽谷全集』）の「先師二十六。勧農或問を著し、以て農間の五弊を論ず」という本文の後に、愚按ずるに、此書は則ち先師少年の著述、而して亦唯農政の一事のみ。然れども其の和漢の農説を会輯し、以て方今の諸弊を窮め、以て匡済の略を立つる者を見る。則ち先師は経済有用の大才ある者、以て其の一班を見るべきなり。

とあり、また石川桃蹊の『税法私考』（『日本農民史料聚粋』十二）の「雑石の事」という条に、三雑穀切返しの法に言及して、

此等の事幽谷藤田氏の勧農或問に弁じて詳かなれば、志あらん有志幽谷が説に本づき改めんには誠の忠臣と仰ぐべきもの也

とみえることは評価の一端としてよいであろう。もっとも逸民は「惜しいかな、先師唯此小著述あるのみ。而して俗文、文藻の美を見ざれば、天下の大計なる者を論ずるなく、有用の大才を見ず。遺憾と謂ふべし。」とも述べているが、著述の性格からしてやむを得ないことであるから甘受してよい批評といえよう。

近年では吉田一徳氏が『大日本史紀伝志表撰者考』（六九八頁）において、法制史の立場から曽我部静雄氏が「その豊富な学殖、核実な考証を認めて、近世第一等の法制史学者と推奨」されたことを紹介されているが、『水戸市史』では、

当時二六才の幽谷自ら農村の実情をどの程度に見聞したか、かならずしも実情に即した意見ばかりであるとはいえない。特に重農軽商などは現実遊離の空論であり、「本佐録」の「百姓は財の

余らぬように不足なきように」という農民搾取の農政思想を模範としているのは、支配者側の無慈悲な考え方である。したがって後に記す農民側の人々の改革論のように、農民の立場を表現していない。（五六八頁）

とする一方で、正敬の「儒者の空論」という批判にふれ、改革の実現に終始意を用いていたとする。「本佐録」を模範とするという指摘は、巻の上「侈惰の弊」にみえる「元来当代田賦の制、東照宮の御時より、百姓一年の入用夫食を積らせて其の余を年貢に取り、百姓の財の余らぬように、不足なきやうに治ることとなり。」（水戸学全集本一一六頁）を指すと思われる。

また、高野の論述を「前掲藤田幽谷の「勧農或問」よりも、当時の農村事情が実に詳しく記述されているのは、さすが民間の有志の著作である。」（五七五頁）と評価しているのはあまりにも一方的解釈なのではなかろうか。当時の評価も考慮すべきことはいうまでもないことであるが、幽谷と高野の論はそれぞれの立場（幽谷は史館編修、高野は郷医で、著作の年に郡奉行。高野については秋山高志氏『在郷之文人達』参照）を考慮すればともに優れた論述であると思われる。いま試みに両書を経済学的に位置づければ、前者が分析的大局的な考察であり政治経済的観点、後者が個別的実事的な考察であり社会政策的観点からの著作ということができようし、両論相俟つべきものであろう。さらに同年の成立であったことにも注目しておこう。

また、先に引いた論文で瀬谷氏が「かなり詳しい農村分析もみられ、あるいは藩の政策に対する酷しい批判も随所にみられるから、全体としては急進的な改革論と称することができる。そして実はこの勧農或問の農政論が、天保期水戸藩の農村改革の指標となったといっても過言ではない」と評価されていることは宜なるかなといえよう。

ここで冒頭に掲げた幽谷と高野の両論の項目比較をみれば、細部の記述は異なるとはいうものの同様の内容を論じていることが確認され、当時の共通の問題点が浮かび上がるのである。先に正敬の批評にふれたが「儒者の空論」というのは高野の場合にも適用されるのであろうか。恐らくそうではあるまい。高野を幽谷と同じく儒者とするのには問題があるかもしれないが、幽谷にしても、高野にしても、当時の切迫した喫緊の課題を論じたものであろう。瀬谷氏が論ぜられたように、正敬の批評は立原・藤田両派の対立のしからしむるところとはいえるであろうが、少なくとも後年のものとはいえ正敬の批評は農業政策的なものとはいいがたく、批判に込めた民富論的な主張にはみるべきものがあるとしても現状維持の主張であり、極めて感情的で独善的なものとすべきであろう。

それは『弘道館記述義』に義公曰くとして「儒とは啻《ただ》に冊を挟み書を読むの称のみにあらず。およそ聖人の道を学ぶ者、これを儒と謂ふ。某もまた儒なり」とみえているが、このような義公の思いに至らなかったことの結果であるように思われるし、また『勧農或問』成立の背景には義公への回帰という視点を見逃してはならないということでもある。

おわりに

大内正敬が『勧農或問』を批評したのは文政十年から十二年のころ（小室氏前掲論文）となるが、それは正敬自らが「今此書成てより殆三十年」と記しているように凡そ三十年を経た後のことであり、しかも幽谷歿後なのである。それはあたかも幽谷が歿するのを待って批評を展開したかのような感を抱かせるけれども、より注目すべきことは幽谷が歿する前年に会沢正志斎が『新論』を著わし、さらに前年の大津浜事件がその契機となっていることである。凡そ三十年前、幽谷が富国強兵の緊急性を悟って早急な改革を主張し、いわば警鐘を鳴らしたのであるが、その警鐘を受け継いだのが正志斎であり（『新論』に幽谷の農政論あるいは経済論をみようとの試みは島崎隆夫氏『三田学会雑誌』五十二巻十一号収録「近世農政思想の一考察——幽谷を継承した人々——」にも窺える）、一方その警鐘を批判したのが正敬ということになろう。

しかも天明二年（一七八二）生まれの正志斎に対して、正敬は同四年の生まれであるからほとんど同年といってよいし、また批評の成立が上限の文政十年とすれば四十四歳であり、『新論』の成立は二年前であるから、奇しくも同年齢の時の作となるのである。

このように『勧農或問』と正敬の批評を考察してくる時、水戸学の根源的理解が容易になるように思われる。その意味において『勧農或問』を単に農政書としてのみに位置づけることはできないのであって、より広く幽谷の学問全体の中で考慮しなければならない著述というべきであろう。

なお、『幽谷全集』に収録の「古今田賦考別録」(他に寛政十一年の「田賦考」もあるという)は内容(文章の類似)から推して『勧農或問』に先立つものであろう。

付記

①本論でふれた曽我部静雄氏の言及は次の二論にみられる。
- 『典籍論集』(岩井博士古稀記念論文集)昭和三十八年収録「藤田幽谷の勧農或問」
- 『律令を中心とした日中関係史の研究』昭和四十三年(初出は昭和三十六年の『藝林』であるが若干改訂されている)収録の「第八章第二節　律令家としての藤田幽谷」

特に後者では「律令学においても極めて正しく且つ該博な知識を持っていたのであってその律令学の知識は歴史学の知識以上であり、徳川時代の学者中で最も傑出した律令学者であったと、私は認めるのである。」「徳川時代に入ってからは、制度通の著者・伊藤長胤や兵制新書の著者・岡熊臣などがある。しかしこれ等の学者達は、幽谷の如く、周礼の施舎制度にまで遡っては論じていないのである。幽谷の該博さには及ばなかったようである。」「律令家としての幽谷の徳川時代における存在は、全く独特のものであって、これほど日中の律令を正確に把握していた学者は、当時は他に居らなかったであろう。」と述べられ、また『勧農或問』が「周礼」の研究に基づく成果をふまえており、「周礼の内容と同じ内容を持つ志類を最も重んじた」とされていることに特段の注目が払われてよいと思う。

なお、「力役を均しくするの術」から考察の具体例を挙げて、

幽谷の上掲の一文の最後の所に「さて又一戸の主といへども官職ある人か耆・老・篤疾・小子・寡婦をば不課戸と定むる」とあるのは、これは幽谷の周礼学者としての面目が躍如としているのを遺憾なく示しているものであり、また彼が律令学者として凡人でないことを示す重要な証拠でもある。（注、不課戸の左側に「皆ヤクナシ」）

と述べられたのは高い評価の一例である。

② 『勧農或問』の末尾に「寛政十一年丁巳孟秋無名居士書於困学齋」と記されているが、「困学」は『論語』季氏篇の「困しんで之を学ぶ」に拠るのであろう。なお、平泉澄博士の『国史概説』（昭和十三年度及び十五年度講義プリント）に瑞渓周鳳が「今時此の如き困学者復夢に之を見ず」と嘆じたこと、若林強齋の『雑話筆記』に「学術には困の字が大事の字ぞ」とみえていることが紹介されている。

第十五章　藤田幽谷と『孝経』

はじめに

藤田幽谷が『孝経』に関心を抱いていたことは十五歳の時に書いた「古文孝経孔氏伝を読む」や「原子簡に与ふ」という文章によって具体的に知られ、また同門の仲間と意見を交わしてもいるが、その関心は単に史学的関心に止まらず『孝経』の主張そのものに及んでいたのである。それは後年（嘉永三年）のことになるが、高弟会沢正志斎の『及門遺範』九条目の次の記述からも明らかである。

先生孝経を談説し、愛敬の二字を以て、第一義と為し、仁孝一本の義を発す。これを曾孟の言に徴し、鑿鑿として確拠有り。而して諸経を講論するに、必ず論語を以て首と為す。毎に大宝令を誦し、経を分ちて教授す。孝経・論語は、学者をして之を兼習せしむ。将に梅巷筆叢を著はさんとす。粗端緒有り。未だ就らずして世に即く。誠に憾む可しと為す。然れども学者能く二書を熟読し、反復玩味せば、果たして意会有り、先生の意に倍《そむ》かざるに庶幾《ちか》からん。

ここには幽谷が『孝経』と『論語』を説き、もっとも重視したことがみえ、そこから学ぶべきことを「梅巷筆叢」としてまとめようとしていたことが窺える（書名は『増補水戸の文籍』にもみえ、十冊という。瀬谷義彦氏『水戸学の史的考察』に「巻之一のみ帝国図書館に所蔵さる、杉山復堂自筆写本」と注記されているものは、今日国会図書館に蔵する「杉山叢書第七梅巷筆叢」のことであろうか。この写本は諸書の抜き書きであり『孝経』には関連しない）。遺憾ながら幽谷はこの書物を完成させることなくして歿したのであるが、正志斎は「孝経・論語」の二著を熟読玩味することが師の意に沿うことになるとしたわけである。「曾孟」が曾子と孟子を指すことはいうまでもない。いったい幽谷はどのように『孝経』を理解したのであろうか。以下、その一端を考えてみたいと思う。

一　水戸の『孝経』

幽谷の『孝経』研究の実際を考察する前に水戸で刊行された『孝経』について述べておこう。二部が知られるが、まずは筆者架蔵（以下、架蔵本と記す）の刊本は本文十二丁で表裏紙には題簽・刊記等は記されておらず、一丁冒頭に「彰考館」の瓢形印記が刻されている。本文は毎半葉七行、毎行十二字で刻され、章名は記されていないが、改行の実際によって章立ての把握は可能である。末尾の割注に、

右群書治要本孝経、六章十五章並不引詩、又脱十七章、今拠唐玄宗註本補之、及其文字有同異者、亦参考訂之

とみえることから、我が国に伝来していた『群書治要』によりながらも不備を「玄宗御注」で補った

ことが知られる（秋山高志氏『近世常陸の出版』によれば、この刊本は『和刻本経書集成』第三輯に収録という）。『群書治要』は唐代に成立したが宋代に散逸したとされる。徳川家康の命で刊行されたものを駿河版と呼ぶが、恐らくはこの刊行本によったものかとも推察される（後年尾張藩でも刊行されたという）。もう一本は寛政四年に立原翠軒の指導によって咸章堂から刊行されたもので、やはり「彰考館」の瓢形印記が刻され、九行十七字（阿部隆一・大沼晴暉氏『斯道文庫論集』第十四輯収録「江戸時代刊行成立孝経類簡明目録」による）というから架蔵本とは異なる版となる。また、「戊辰封事稿」（文化五年、『幽谷全集』収録）の追記に「孝経之儀は城下本四丁目に板行有之」とみえることから水戸での刊行が傍証されよう。なお、本四丁目は伊勢屋（咸章堂太郎衛門蔵田健文）の所在地である。

ところで、『孝経』は古文（二十二章から成る、今文にはない閨門章がある）と今文（十八章から成る）の二系統が知られているが、もとより章立てと文字の異同がみられるけれども基本的には同一といってよいとされる（加地伸行氏『孝経』）。架蔵本は「玄宗御注」で補っているところからも知られるように今文系の本であり、十八章から成る。ただ「開宗明義章第一」「天子章第二」などの章名は記されていないので『群書治要』収録本にはもともとみえていなかったのかもしれないが、元来は章立てとともに章名が記載されている（野賀郡平標注『御注孝経』参照）。

二　会沢正志斎の『孝経考』

水戸における『孝経』研究の代表的なものとして正志斎の『孝経考』が挙げられる。書名は『増補水戸の文籍』などにみえてその存在は知られているが、管見に及んでいるのは国会図書館所蔵の写本である。概要はすでに次のように紹介されている。

首に嘉永己酉（二年）季秋望常陸会沢安題の「孝経序」の自序。御注の経文の下に玄宗と司馬光の指解の両注を掲げ、末に「考」或は「按」と標して自注を附す。自序に「今併列二家解附以所聞於先師与愚見所及者」と云う如く、師の藤田幽谷の説と自家の見解とを述べたもの。経文は首より五章を合せて一章五節となし、全篇を十四章に分ち、上覧に経注に対する校合注を標記する。

（阿部隆一・大沼晴暉氏前掲論文）

国会図書館所蔵本はおおよそ右の通りであるが、「首より五章を合せて一章五節となし」というのは誤りで二章から六章までを合わせて一章としている。すなわち一章があり、続く二章が通常の今文にみられる二章（天子章）から六章（庶人章）までであり、七章以下が三章となっているために都合十四章となるのである。二章から六章までを一体化して考えるというのは朱子の『孝経刊語』などにみられるが、章の冒頭は通常「子曰く」「曾子曰く」のいずれかの書き出しであるから三章から六章までを「子曰く」で始まる二章に続く文章と考えた結果であろう。そうすると、すべての文章が「子曰く」か「曾子曰く」の書き出しとなり、書物としての違和感がなくなるからでもあろう（ただ一章のみは「子曰く」の前に「仲尼居《やす》く、曾子侍す」とあるが、書物の冒頭ゆえに添えられた一句であろう）。
ところで、序文は二葉であるが、冒頭の下方に正志斎の蔵書印が捺されている。この蔵書印は今日正志斎の蔵書印であることが確認されているから（秋山高志氏『水戸の蔵書印』）、この写本が正志斎の蔵書だったことを窺わせる。

三 『孝経考』の序文

次に序文を検討しよう。便宜二段に分けて掲げる。なお、若干の異同があるが『会沢正志斎文稿』（名越時正氏編）にも収録されている。掲載は『文稿』収録文によるが、便宜二段に分ける（読み下しは筆者、以下同じ）。

孝経は聖人の曾子に告ぐるに、孝を以て天下の大経と為すなり。天下の事には経有り、緯有り。緯は委曲詳悉にして経は易簡正大なり。二者は相須ち、猶《ま》、機経有りて以て緯に侍するごとし。孝は徳の本なり。孩提《がいてい》親を愛し、長じて兄を敬ふは天下の至情なり。之を天下に達すれば則ち仁義なり。仁義は天下の大道にして聖人の天地を経緯する所以なり。是を以て親は之を膝下に生じ、以て父母を養ひ日に厳《たっと》ぶ、聖人は因て以て愛敬を教へ、政治の教成は、厳粛を待たず。天性に因て以て民紀を立て、仁義行れて万世易らず。故に曰く、天地の経にして、而して民、是れ之に則る。是れ孝の経為る所以なり。蓋し、曾子の純孝は膝下色養、愛を尽くし敬を尽くす若し。則ち孝の緯は之を行ひて余り有り。固より教誨を待たず。夫子、其の天性の美に因りて益々之に進み、告げて愛敬を天下に達し、仁義の大道を成すを以て、天下後世をして仁孝の基本を一にするを知らしめんと欲す。故に至徳要道を以て天下を順《おさ》め、止（唯）一身の行ひに非ざるなり。夫れ、天、民を生じて父子有り。父子有りて孝有り。愛敬の徳は君臣に達して四海に施し、而して仁至り、義尽せり。故に易は人の道を立て、仁は義と曰ふと称し、猶、天地の陰陽剛柔有りて、万世に亘りて易ふべからざるごとし。之を経と謂ふ。亦然らざるか。故に経を以て篇と名づく。詩・書・易・春秋は其の旧単名にして、伝に対し経を称する者と、固より同じからざるなり。夫れ、孝の徳為るや大なり。堯の舜を挙ぐるは其の孝を以てなり。孔子の舜及び武王・周公の徳を称するは、志を継ぎ事を述ぶるを以てなり。敬は其の尊親する所を愛し、帝に事へ先を祀り、国を治め掌を示すが如し。是れ曾子の伝する所にして郊祀・宗祀は以て聖人の徳を称するの意なり。而して子思之を述べて一口に出す如し。聖人の孝を言ふの義、蓋し亦見るべし。

ここでは正志斎が『孝経』の原文（傍線部）を引用しながら、その愛敬論を要約しつつ解説しているが、「孩提《がいてい》親を愛し」は『孟子』にもみえている。子思は孔子の孫であり、曾子に教えを受けたといわれ、その教説が『中庸』としてまとめられたのである。この『中庸』が後期水戸学で重んぜられたのは、『論語』や『孝経』に通ずるものとして当然のことというべきであろう。

昔、神聖は天業を承け、天祖の象教を遵奉し、大孝を皇祖天神に申す。歴朝書を読むに必ず孝経を始めと為し、学校に経を分けて教授し、孝経・論語、学者之を兼習し、天下の家をして孝経を蔵せしむ。孝の天下に重きこと此の如し。我が先師藤先生、夙に此の篇を尊信し、仁孝一本の義を発明し、以て謂へらく、愛は敬と一篇の綱要にして、仁の本と為すと。諸を曾孟及び百氏の書に徴し、旁々諸家の説を捃摭《くんせき》して、参互考覈、以て其の衷を折す。而して其の偽古文の謬を弁ずること、亦極めて詳かなり。安、幼くして先生に侍す。先生諄諄として開説し、底蘊を叩竭《こうけつ》す。安、不肖にして眇視蠡測《れいそく》、一班を窺ふあたはず。而して歳月は荏苒、歯は已に晩春、聞く所を齎して澌滅《しめつ》に就くに忍びず、之を筆し以て諸を同志に質す。蓋し、唐玄宗の注は諸儒の論定する所にして、多く漢儒の旧説に本づく。以て根拠とすべし。宋司馬君は実に篤行の君子なり。著す所の指解は古文に従ふと雖も、深切着実にして注家未だ備はざる所を補すべし。故に今二家の解を併列して、附するに先師に聞く所と愚見の及ぶ所のものとを以てす。安、固陋寡聞にして何ぞ以て聖経の奥義微旨を論説するに足らんや。而れども悍然厚顔、僭逾《せんゆ》の罪を忘れて、狗尾貂《くびてん》を継ぐを敢する者、亦狂愚の質、微かに先師循誘の徳に報ひ有らんと欲するのみ。嘉永己酉季秋望、常陸会沢安題す。

冒頭は先に引いた『及門遺範』の条と同じ趣旨を展開しているが、年代的にはこの序の成立が早い。乙酉は二年であるから、『孝経考』の脱稿後ほぼ一年後に『及門遺範』が成立したということになる。

ただ、嘉永四年の発信と推定される豊田天功宛の東湖書簡に「孝経中庸の釈義、去年より打込置候ゆへ、翁怒て此度の著作は廻し不申歟とも被存候」(『東湖先生之半面』)とみえることから、序文執筆後にも注釈に打ち込んでいたことが知られる。「翁」は正志斎、「此度の著作」は『及門遺範』のことであるが、その出来を東湖は茅根(寒緑)より聞き及んでいたが未だ寓目していなかったのである。

後半には『孝経考』成立の事情が窺えるが、その大要はすでに阿部・大沼両氏の紹介に尽くされているのでそれに譲ることとして、若干の語釈をしておこう。「捃摭」はまとめて集める、「叩竭」は尽きる、「眇視蠡測」は細めすかしてみて大事をはかる、「澌滅」はすっかり滅びなくなること、「僭逾」はですぎたこと、「狗尾貂を継ぐ」は立派なもののあとにつまらないものが続くの意で、「唐玄宗の注」と「指解」は紹介の通りである。

四　『孝経考』の考察

それでは『孝経考』の考察や解説はどのようなものであったろうか。序にみえる通り、そこには正志斎のみならず幽谷の解釈も含まれているのであるから、以下若干を検討することとしよう。取り上げるのは『孝経』冒頭の、

仲尼居《やす》く、曾子侍す。子曰く、先王至徳の要道有りて、以て天下を順《おさ》む。民用《もつ》て和睦し、上下怨み無し。汝之を知るか、と。(加地伸行氏『孝経』による)

という一条に関してである。いうまでもなく今文系となるが、司馬光の「指解」を引いたあとに考察（考以下）と按文を記している。

徳は諸善の、身を得て心に存する者、道は徳の、行ひを施す者にして、人の由る所なり。孝は徳の、天性に出で、修飾を待たずして固より人心に存す。而して以て加ふる莫し。故に曰く、至徳にして其の事に発し、百行の本為るは諸善の統紀たりと。故に曰く、要道は先王此の徳行を以てし、此の道は天下をして父父たり子子たるを順めしむ。下は忠順にして上は悪み慢《あなど》らず、和睦して怨み無き所以なり。孝は順徳にして順は逆の反なりと。故に周官に云ふ、孝徳は以て逆悪を知ると。即ち論語に云ふ、孝弟にして上を犯す者は鮮《すくな》しと。以て見るべし。

ここは考であるが、末尾の「周官」は『周礼《しゅらい》』ともいい周代の官制を述べたもので地官の師氏にみえ、「論語」は学而篇にみえる一節である。総じて古典に即した本文の解説といえよう。続く按文は次のようなものである。

按ずるに、夫子発問して言ふ。先王天下を順めて言はず。父母に事ふるは是れ孝の経為る所以なりと。蓋し、孝は親に事へる所以にして、曾子の最も長ずる所、教誨を待たずして之を能くす。夫子、其の長ずる所に因りて示し、以て其の天地の経と為し推広す。親に事ふるの道は、以て天下後世に及ぶ。即ち孝弟は仁為るの本か。本立ちて道生ず。親に事ふるより始めて、仁天下を覆ひて垂る。後世兼て細大にして遺さず。百世に亘りて易らざるは所謂経なり。

「夫子」はいうまでもなく孔子であり、『論語』学而篇からの引用がみえている（傍線部）。正志斎によるこの考察は、師幽谷の説とどのような関係にあるのだろうか。その手がかりは十七歳の著述である「幽谷随筆」であるが、その巻之一には『孝経』に関する考察が二条含まれている。その二条目には、幽谷が考察の際に使用したテキストとともに内容把握の一端を窺うことができるので、以下条文を掲げて具体的に検討しよう。

孝経に曰ふ、子曰く、参《しん》、先王至徳の要道有りて、以て天下に訓《おし》ふ。（今文は順に作る。疑ふらくは是に近し。順訓の古字は通用す）民用《もつ》て和睦し、上下怨み亡《な》し。女《なんじ》、之を知るかと。注家は其の夫子孝を説くの書に泥む。乃ち曰く、孝は徳の至にして道の要なり。（玄宗御注）至徳は孝徳なり。要道は孝道なりと。（孔安国）遍《あまね》く諸家を閲するに皆此の義を出でず。余、竊に嘗て以為らく、先王の治は能く天下の民をして和睦し、上下怨みを亡さしむ。至徳の要道有るに非ず。悪ぞ能く是の如くならんや。徳にして至ると曰ひ、道にして要と曰ふ。皆、之に賛するの辞、至徳の要道は是れ泛言《はんげん》なり。必ずしも指して孝徳孝道と為さざるなり。偶々文中子王道篇を読む。薛《せつ》収、至徳要道を問ふ。子曰く、至徳は其れ道の本か。要道は其れ徳の行か。（注に云ふ、行は徳を成し、徳は道を成し、行は身を成して、道は天下に施さる）礼は云はざるか。至徳は道の本と為すか。（周礼師氏三徳に云ふ）易は云はざるか。道を顕かにして徳行を神にす。（繋辞に云ふ）此れ土通氏の道徳の義を泛論し、之を得ると謂ふべし。周礼に曰く、至徳以て道の本と為すか。敏徳以て行の本と為すか。孝徳以て逆悪を知る。是れ至徳の孝徳に与りて指す所自ら同じからず。至徳は道の本と為すか。(周礼師氏)苟も至徳ならざれば至道は凝《な》らず。(中庸)苟も其の人に非れば道虚しく行なはれず。(易繋辞)夫れ道は徳を明かにする所以なり。徳は道を尊くする所以なり。是を以て徳に非れば道尊からず。道に非ざれば徳明かならず。(家語王言解、又大戴礼に見ゆ)是れ、其の至徳要道の並言する所以か。古は帝堯克く俊徳を明かにし、以て九族を親しみ、九族既に睦みて、百姓を平章し、百姓照明にして、万邦を協和し、黎民於《おお》いに変《しげ》り時《こ》れ雍《やわら》ぐ。(堯典)至徳立ちて要道行ふなり。夫れ道は仁より大なるはなく、而して徳の孝より貴きはなし。有子曰く、孝弟なる者は其れ仁を為すの本かと。孟子曰く、堯舜の道は孝弟のみと。故に曰く、孝徳の本なり。教の繇て生くる所なり。孝経は其の至れるなり。然れば至徳の要道を指して、孝徳孝道と為すは泥むなりと。

まずは引用の『孝経』本文に関してであるが、注に「今文は順に作る」とみえるから古文からの引用となる。すでに述べたように『孝経』は「古文孝経」と「今文孝経」が知られるが、その構成や文字に若干の相異がみられる。「古文孝経孔伝」と題されたこの本には孔安国の注釈が添えられているが、冒頭の引用は開宗明誼章第一の冒頭の箇所となる。「玄宗御注」というのは唐の玄宗皇帝による注釈のことで今文を基とするが、引用は正確である。「孔安国」は幽谷が批判的考察を試みた「古文孝経孔氏伝」の孔氏をさすが、その注釈である。前半には問題がないが、後半はそのままの文ではなく要約である。「周礼」「中庸」と「易」繋辞からの引用も正確であり、「堯典」は冒頭の部分からの引用となる。「文中子」は隋の人ですぐ後にみえる王通氏のことであって、「王道篇」はその著『中説』の篇名の一つである。「有子曰く」は『論語』学而篇、「孟子曰く」は『孟子』告子章句下にみえている。

さて、幽谷の主張は注家が夫子すなわち孔子が孝を説く書に泥んでいるのではないか、というものである。それは引用文献から窺えるように古典を根拠としたものであるが、幽谷のいうところは「先王の治は能く天下の民をして和睦し、上下怨みを亡さしむ。至徳の要道有るに非ず。……至徳の要道は是れ泛言なり。必ずしも指して孝徳孝道と為さざるなり」に尽きるであろう。幽谷は御注と孔安国に異を唱えたわけであるが、それは古典によって先王の治の根源を探究した結果なのである。

この『孝経』冒頭の箇所を比較すると、「幽谷随筆」の考察は『孝経考』の考察に生かされていることが確認できよう。直接の引用重複を指摘すれば傍線部の前二箇所は考、後一箇所は按文にみえている。いうまでもなく『孝経考』は幽谷歿後の成立であるから著者正志斎の考察が含まれていること、いなそれを中心とするというべきであろうが、師幽谷の教えを忠実に祖述した部分がみられることは認められてよいであろう。したがって、正志斎が序文に「先師に聞く所と愚見の及ぶ所のものとを以てす」というところが実証されるのである。以上に、幽谷の『孝経』理解の一端を窺うことができるであろう。

五　幽谷の『孝経』理解

幽谷門人の飛田逸民には『孝経釈義』という著述がある（『増補水戸の文籍』）。内容は不明であるが、『幽谷全集』に収める「逸民集抄」からその一端が窺えるのではないかと思われるので若干を紹介してみよう。冒頭の四条までには、

先師孝経を尊ぶ。而して孝悌の行は人を感動せしむる者有り。故に疇昔門弟子も、亦皆、悌順和睦の風有りて克伐忿戾の気象無し。是れ其の学術の、正しくして周公・孔子の道を得る所以なり。

（下略）

とみえ、続いて、

先師曰く、仁義礼楽、皆孝を生くるものなりと。

とみえ、続いて、

先師曰く、敬、愛より出ざれば、其の敬は貴ぶに足らざるなりと。

とみえ、さらに、

先師曰く、愛敬の道、日用の微事に発して、自ら知らざるもの有り。宝剣・名画の属、人得て之を愛すれば則ち其の出納を謹む。是れ、愛敬の微事に発するものなりと。

とみえるが、ここには十分に幽谷の『孝経』観を窺うことができるであろう。二条目に添えられた逸

民の按文には、

愚按ずるに、孝は愛と敬となり。愛敬は陰陽二気を生ずるものなり云云。子曰く、夫れ孝徳の本なり。教の由りて生ずる所なりと。先師の言は、蓋し仲尼の真伝を得るものなり。

と幽谷の孔子観にふれ、さらに他の条では『孝経』諸侯章からの引用がみられるが、これは『孝経』理解につながるものであろう。

ところで、蛇足ではあるが『二連異称』（野中止の項の按文）にも『孝経』を引いていることを指摘しておかねばならないであろう。それは『二連異称』が幽谷の孝道の表出ともいえるからである。

幽谷の『孝経』観は恐らく家塾青藍舎において門人に講釈伝達されたであろうが（但野正弘氏『藤田東湖の生涯』によれば、嘉永二年には青藍舎が再興されて『孝経』と『論語』の会読が行われたという。また、門人吉田活堂の『宇麻志美道』巻八に「御注孝経」という項目があることも一例といえようか）、藩校弘道館の蔵書として『孝経』が存在したことも知られ（『水戸史学』第十五号所載薗部等氏「弘道館の蔵書」）、また開館時には会沢正志斎によって講義された（『水戸市史』中巻の三及び名越時正氏『水戸藩弘道館とその教育』）。それは幽谷の遺志の継承であり、弘道館教育における教科書の役割を担っていたことを推測させるものがあろう。

さらに正志斎が教導した藩主烈公の「告志篇」に引用され、年少時から交遊があった枕石寺の釈西天には『孝経示蒙』という著述（前掲の阿部・大沼氏論文）が知られることも幽谷周辺の『孝経』への関心を窺うに足るというべきであろう。

最後に、何よりも幽谷自らが「御家中は諸士已上へ」の「其総領・次男等へは素本の孝経一巻づゝ被下候様仕度奉存候」（「戊辰封事稿」）と『孝経』の活用を提案しつつ、また門人堀川潜蔵をして六歳の東湖に『孝経』の句読を習わせる（「回天詩史」及び名越氏『水戸学の研究』）という実践を試みていることを紹介して擱筆しよう。

第十六章　藤田幽谷と徂徠学

一　徂徠学の隆盛

南川維遷は伊勢の人で天明元年に四十八歳で歿したが、その著『閑散余録』二巻は当時の儒学者の人物評をまとめたものである。その中には山崎闇斎・義公光圀・朱舜水・野中兼山・新井白石なども取り上げられているが、特に荻生徂徠とその学派及び伊藤仁斎の記述が目立っている。徂徠や仁斎に注目すれば、彼等が当時の思想界（学界）において大きな役割を果たしていたということであろう。したがって、初学の者が徂徠学に接することはごく自然のことと理解される。

一例を挙げてみよう。寛政異学の禁を勧め、反徂徠派として知られる柴野栗山は、かつて徂徠に古文辞学を学び、後に水戸の彰考館編修を勤めた高松藩儒岡井孝先に指導を受け、徂徠の学問に傾倒していたとされる（『水戸史学』第二十九号収録の阿河準三氏「水戸学と讃岐——特に柴野栗山を中心として——」）。この栗山の例は幽谷と徂徠学との関係を考えようとする場合においてもあてはまることであろう。幽谷の登場する時期（岡井を含めてそれ以前も）に、例えば幽谷を導いた立原翠軒や長久保赤水らは明らかに徂徠学に接しており、部分的には傾倒していたふしが窺えるからである。しかし、翠軒も赤水も、即徂徠学派ということはできない。彼等には徂徠学への水戸学的批判が窺え、特定の学派にこだわることを拒んでいるからである。参考として、翠軒の門人である小宮山楓軒の著『楓軒偶記』巻五の記載をみてみよう。

立原先生嘗テ云ヘルハ、近時ノ文人漢地ノ事ヲ中華又中夏ナド書ル。非々効フベカラズ。西土ト書シテ可ナリトマウサル。按、孝徳天皇ノ詔ニ西土之君戒其民曰云々ト見エタレバ、是ニ拠ラレシナリ。舜水先生ハ彼俗語ニ従ヒ、常ニ唐山トマウサル。人ノ国ニ居ルノ礼ヲ得タリ、ト一書ニ見エタリ。自ラ日本東夷人ト書レシ人モアルハ如何ナル意ナルヤ知ラズ。

ここにみえる「自ラ日本東夷人ト書レシ人」は明らかに荻生徂徠を指すと考えられる。「嘗テ」であるから時期ははっきりしないが、批判と捉えてよいであろう。「漢地ノ事ヲ中華」と書することへの批判はすでに義公が明らかにしていたことであるから、それに連なるものといえよう（詳細は拙著『現代水戸学論批判』を参照されたいが、赤水の徂徠観についても言及しているので付記しておく。若干を後述する）。

また、後に幽谷は鈴木石橋の墓表（「幽谷先生遺稿」収録）を書いているが、その石橋が弟子の蒲生君平に送った序の一節に「物茂卿の称して日本夷人と曰ふは、則ち名分を正すを知らざるなり」（寛政八年）とみえることは、徂徠学隆盛の中にも明らかに翠軒と同様な批判があったことを証するものであろう。

二　木村子虚への反論

幽谷が「徂徠学を中核としていた」あるいは「中核として学んでいた」とする主張がある（吉田俊純氏『寛政期水戸学の研究』の「幽谷小伝」）。「中核」というのはともかく、確かに十六歳の幽谷には徂徠弁護とみられる記述がある。それは「木村子虚に答ふ」という長文の文章にみられる次の箇所が相当する（原漢文）。

本邦の文明、豪傑の士、踵を継ぎ、肩を比して、勃然として起る。伊仁斎・物徂徠の徒は之を巨《きょ》擘《はく》と為す。学者の多きは仁斎・徂徠の徒を称し、誉る者は或いは其の実を過ぎ、毀つ者は或いは其の真を損ふ。之を鈞するは皆非なり。不佞を以て之を視れば、仁斎、其の猶ほ周室の君子に雍《よう》容揖譲《ようゆうじょう》の状のごときか。足下、之を瑚璉の器と謂ふは、其の実を過ぐるに非ざるなり。又、之、眇眼を以て大道の蘊奥を洞視せんと欲するを謂ふに至るは、則ち抑揚は倫せざるに似る。徂徠は其れ猶ほ燕都の侠客にして腕を扼し、膽を張るの態のごときか。足下、酔人剣舞の喩え、以て之を形容するに足らん。其の、之を朽木糞土にして雕《ちょう》圬《お》すべからざるを謂ふに至れるなり。則ち無ければ乃ち其の真を毀損せんか。之を要するに、彼の二子は其の材徳、殊なると雖も、亦皆、所謂豪傑の士なり。而して足下は、二子に慊らざる者なり。豈に二子の出づる有るよりして、人人言を立て、日新たに月盛んにして、廼ち二子之を嚆矢と為すを以てするか。夫れ、惺窩・羅山有りて、斯に藤樹・熊沢有り。藤樹・熊沢有りて、斯に仁斎・徂徠有り。仁斎・徂徠有りて、斯に家言雑学、種種の説有り。是れ皆、時運の然らしむるなり。何ぞ独り仁斎・徂徠を咎むるや。太宰徳夫、二子に及ばずと雖も、亦、豈に尋常経生の比ならんや。足下、之を狂人の党と謂ふ。豈に其れ、徂徠に党するの謂ひか。亦、何ぞ之を貶するの太だ過ぐるなり。知らず。足下の学術に於けるは別に見る所有らんか。不佞、竊に宋儒及び仁斎・徂徠に学術の異同を思ふ。乃ち、得る所有る者の若きは、敢へて固陋を陳べ、以て再教を俟つ。

ここでは伊藤仁斎と荻生徂徠を豪傑の士の巨擘と位置づけており、学者の多くがその徒を称して彼らを評するが決して当を得たものではないとする。仁斎には「君子に雍容揖譲の状」、徂徠には「朽木糞土にして雕圬すべからざる」と形容しており、仁斎・徂徠を全面的に評価してはいない。前者はゆったりと落ち着き、争わずに位をゆずるとか、手をくみ合わせて挨拶しへり下る、後者はものごとの用をなさないたとえの意である。とりわけ後者は『論語』公冶長篇に「子曰く」としてみえる「朽木は雕《え》るべからず。糞土の牆は圬《お》すべからず」に拠っている。弟子の昼寝に対して「木の堅いのには彫刻できるけれども、朽ちた木には彫刻できない。牆《かき》の固いのには塗って飾ることができるけれども、路上の乾いて湿り気のない土で築いたは牆は下地がぼろぼろしていて塗って飾ることができない」の意であり、「瑚璉の器」も公冶長篇にみえており、美しいことの喩えであろう。

全体に幽谷は子虚の説くところに反論しているが、仁斎・徂徠以前にも以後にも多くの学者が出現したのは時運の然らしむるところとする。太宰徳夫はすなわち春台である。ここでは子虚の説に疑問を提示し、教示を乞うている様子を確認すればよいであろう。

三　会沢正志斎の徂徠観

高弟である会沢正志斎の『及門遺範』に次のような一節がみられる。

荻生氏は雄才卓識、古今を圧倒す。然れども英雄人を欺き、経を説くこと牽強多し。道を以て先王の造作する所と為し、君臣の名、華夷の分を知らず。

幽谷は徂徠の才を認めつつも、その不備をも指摘している。「君臣の名、華夷の分を知らず」は奇しくも冒頭に引いた楓軒の記述と符合する。これの意味するところは何であろうか。いま、これを解説するに当たって拙著『現代水戸学論批判』でふれたことではあるけれども再度掲げておかねばならない。それは一般に思想的影響を考察する時、

①思惟方法　②精神

の二側面に留意しなければならないということであるが、①は学問の方法論と言い換えてもよい。例えば、国学者が儒学の古学的方法を採り入れていることなどである。本居宣長は若き日に医学と儒学を学んでいるが（宣長が師とした堀景山には徂徠との文通交遊があったことをも考慮してよい）、彼を儒学者

と位置づけることはない。したがって問題とすべきなのは②である。会沢が『及門遺範』で述べた幽谷の徂徠評はこの②であって、また先に引いた小宮山の言もこれに該当しよう。これらの二例をもってしても、幽谷を徂徠学派と思想的に同列に論ずることはできまい。宣長などの国学者の徂徠批判もこの立場によるとしてよいであろう。

また、会沢自らにも徂徠への批判がある。それは『退食間話』にもみられるが、ここでは「四子志を言ふの論」に「而して近世邪説を為す者、乃ち言ふ、夫子革命の秋に当たり、故に曽晳《そうせき》微言を作すと。是、亦春秋の罪人たるのみ」と述べていることを紹介しておこう。この「近世邪説を為す者」を『会沢正志斎文稿』の頭注は徂徠のこととされ、さらに『論語徴』四子言志の章の注に「礼楽を制作するは天子の事、革命の秋なり。故に君子は之を言ふを諱む」とみえることを指摘されているのである。なお、この会沢の文章は『論語』先進篇二十六章にみえる子路・曽点・冉有・公西華の四名の議論を評したものである。

以上を前提にして幽谷の「木村子虚に答ふ」をみれば、前年に史館に入って義公修史の足跡にふれたとはいうもののまだ学問の途上であり、当時の学界・思想界には徂徠や仁斎の学が流行しその基盤をなしていたのであるから、これらの学にふれるのは当然のことであり、その観点から徂徠や仁斎の評価も考えなければならないであろう。問題はその学問をどのように把握し、そしてそれを学問形成にどのように生かしていったかであるから、十六歳の時点のみならず、その前後数年の間の学問の経過（深化といってよい）をもみなければならないはずである。

四　幽谷の徂徠学把握

「小宮山君に与ふ」という一文は幽谷十五歳の作と推定されるが、幽谷の学問切磋の様子を窺うことができるものである。その中程に「元禄・正徳の間に仁斎・徂徠二先生出づ。而して人人、稍《やや》古学有るを知る」と述べ、仁斎・徂徠には復古の功があるとして学問史論を展開しながら原子簡の主張に対して異見を展開している。子簡が韓退之と柳子厚を師とし李于鱗と王元美を批判していることにふれつつ、一方では徂徠を称揚するのは矛盾ではないかと幽谷はいう。それは李と王が古文辞を表彰しており、徂徠はその影響を受けているからであるとする。また、世間では服部子遷（南郭）を徂徠派となすが、文勢が卑弱であり徂徠とは大いに径庭があるとし、子簡には徂徠も亦人であるから畏れるところがあろうか、と告げるのである。このような情況をみると、幽谷は必ずしも徂徠を否定したわけではないことが知られる。

しかしながら、幽谷は学問を「信を六芸に考え、孔子に折中すること」と把握し、それを繰り返し述べており、むしろ「孔子折中」が核心というべきである。その意味では幽谷も古学であり、入門期すなわち若き日においては徂徠（あるいは仁斎も含めてよい。徂徠も当初は仁斎を高く評価していたことにも注目しておこう）と通ずるものを認めることができよう。ただ、それはあくまでも若き日の初学時のことであって、①の問題とすべきであり、すでに具体例を指摘したように②の立場からは幽谷の他にも徂徠への批判がみられる。この②の立場を考えなければ真の幽谷の学問を理解することはできないであろう。

蛇足とはなるが、幽谷が『孝経』を重要視したことはよく知られている（前章参照）。また『孝経』を重視した人物といえば、まずは中江藤樹を挙げうるであろう。しかも幽谷は与助という自らの名が藤樹に連なるとして喜んでいたのであるから（「幽谷随筆」）、藤樹学派といえないこともあるまい。しかし『孝経』を重視したからといって即その学派ということはできない。何を「中核」とすべきかはその人物の全体像をみなければ分からないのである。あえて儒学における幽谷の立場をいえば孔子学派とでもすべきであり、そして中核は「義公学」というべきなのである。

五　幽谷の徂徠学把握(続)

幽谷十五歳の作に「四家雋《しかしゅん》を読む」という一文がある。『四家雋』というのは荻生徂徠が編集した六巻の書物で、宝暦辛巳（十一年）の序跋がある。四家については「小宮山君に与ふ」でもふれているが、韓退之・柳子厚・李于鱗・王元美を指し、この四人の文章を集めた書物が『四家雋』なのである。幽谷がどのような経緯でこの書物を読むことができたのかは分からないが、この年「古文孝経」に関する一文を書いていることを加味すれば、少なくともこの年あるいは前年から徂徠学派に関心を抱いていたことは認められてよいであろう。幽谷のこの文章を一言に要約すれば文章論ということになるが、以下大要を紹介しよう。

「今の文章を言ふ者」すなわち徂徠学派であるけれども、彼らは唐の韓柳（韓退之・柳子厚）と明の李王（李于鱗・王元美）の達意に倣い、その修辞を学んでいるとして、自らの考えるところを述べる。まず「意を達して辞を修む。辞を修むるは乃ち意を達す」と思うが、これについて『論語』衛霊公篇にみえる「辞は達して已む」を引用する。この語は文辞は己の意志を達すれば十分であるという意味で、言外に語句を繁多にして華美にすぎるを要しないということを含むであろう。ついで『春秋左氏伝』襄公二十五年にみえる「文は以て言を足す」を引いて、その通りではないかとする。「文は以て言を足す」は孔子の言としてみえており、言葉は志を十分に言い表すものであって、言葉の巧みは言葉の足らぬところを補うものだというのである。孔子は覇者である晋の命を待たずに鄭が陳に攻め入ったことにふれて、言葉が巧みでなかったならば晋に認めさせることができなかったはずであるから、言葉は慎まなければならないことを説いたのである。いずれにしても『論語』が論構成の重要な役割を果たしているといえよう。

この文の眼目は四家の評価であるが、韓愈と柳宗元は旨を師として辞を師としない者であり、その議論は偉であるとするのに対して、李于鱗と王元美は古を視て辞を修め、努めて雅馴を重んずるけれども鈎棘《こうきょく》（鈎章棘句、ひっかかって読みにくいの意）を以て文章を書くのであり、その見識は浅いとする。

また、韓・柳は斉・梁の弊害を改め、李・王は宋・元の習を去り鈎棘の疾があるので、その巧拙を知るべきだとするのである。

次に『四家雋』の冒頭に付されている「雋例六則」から徂徠の四家観を確認しておこう。掲げるのは第二則である。まず冒頭に、欧陽修と蘇軾を取らない理由にふれて、

唐に韓柳を称し、宋に欧蘇を称す。而るに今、欧蘇を取らざる所以の者は、宋の調を以てなり。宋の失、易にして冗、其の究め必ず註疏にして之を文と謂ふに至る。是れ李王が心を痛ましむる所以なり。且つ欧は韓柳が伍に非ず。祇だ韓を識る者、欧実に先鳴にして且つ其の文優遊迫らず、有道の者の態に類するに縁りて、故に人多く諸を賞す。

と宋の調が「易にして冗」のためであると指摘し、また、

今、其の法を置きて問はずして、其の匠を学ばんと欲す。其の以て指に傷つけざる者幾ど希なり。是れ予が雋、韓柳に止まる所以なり。世又、加ふるに二蘇安石南豊を以てして之を八大家と称する者有り。是れ茅坤《ぼうこん》が私言なり。

と述べて、八大家と称するのは編纂者である茅坤の私言と断じ、さらに、

世俗の韓幹を賞すること、且つ茅坤が抄、主とする所、挙業奏議与に在り。皆、時好に赴く所以なり。時と道との相汚隆する時有てか帝、時有てか輿儓、豈に不朽の謂ならんや。郷《さき》に予が社中多く李王を尚ぶ。一先生有て之を難じて曰く、七才子を学ぶは、八大家を学ぶにしかず。大家の

称、豈に才子の比ならんやと。予、之を聞て笑て曰く、曽ち茅坤が言律令たると謂へるかと。世の真宝の名に眩き者滔々たるかな。

と結び、八大家などは李王に比すべくもないとするのである。これをみただけでも徂徠の宋調排斥と李王への傾倒ぶりが十分に窺えるのであり、幽谷の指摘が的確であることが確認されるのである。

六　長久保赤水の徂徠観

最後に、幽谷を世間に吹聴し、その才を高く評価した長久保赤水の徂徠観を一瞥しておこう。年少期の幽谷が赤水の指導を受けたことは明らかであり、徂徠観についても何らかの影響を受けたであろうことは否定できないからである。赤水の徂徠観がもっとも簡明に表れているのは「原蘭渓に与ふる書」（『水戸史学』第六十号所載の秋山高志氏「文人名越南渓について」所引。原蘭渓は立原蘭渓で南渓の門人）であろう。冒頭と末尾の部分を省略して直接に関連する箇所を二段①②に分けて掲げてみよう（原漢文）。

①人の謂《いへ》らく、僕徂徠に私淑すと。豈にそれ然らんや。蓋し、徂徠の学は文を主とし、理学を忌む。王陽明の良知を主とし博文を悪むと相反対す。偏せりと謂ふべし。程朱の学は物に格り理を窮め、修身治国小大遺すなし。博文約礼は実に孔孟の正宗なり。然りと雖も物に必ず長短あり。苟くも其の長を取れば、則ち何の書か読むべからざらんや。南渓先生嘗て僕に語つて曰く、

本朝其の人に乏しからず。羅山の博物、仁斎の経義、白石の詩律、徂徠の文章、其れ庶幾からんかと。蓋し其の長を取る也。

②徂徠の所謂古文辞なる者、何ぞ聖学に害あらん。又何ぞ程朱に乖かん。二弁語徴を著すに至つて、道学を排し、孟子を貶し、口を極めて先儒を駁す。此れ別に一家を立つるの学也。其の罪少からず。凡そ徂徠の経義経済の論は、迂遠膠柱、時勢に応ぜず。僕浅劣と雖も、意深く之を悪む。嗚呼、天は才を生て尽さず。仁斎能く語孟を尊ぶと雖も、大学・孝経を蔑如するに至る。亦是、異学の嚆矢也。程子の徳、朱子の智、顔淵・子夏に伯仲すと雖も、詩と文とに至つては李杜韓柳に孰若《いづれ》ぞや。然ども我老牛先生徂徠を推挙すること甚だ至れり。其の歎服の情、遺文に見はる。南渓先生も亦其の文章を賞す。之に由つて之を観れば、徂徠も亦人傑ならんや。苟くも其の長を取れば、何れの書か読むべからざらん。

この箇所は杉田雨人氏『長久保赤水』や吉田一徳氏『大日本史紀伝志表撰者考』にも引用されているが、これをみると赤水は決して徂徠学に心服したわけではなく、その文才を認めて長所を採ろうとしているだけであることが知られる。前段では徂徠が陽明に比べて偏しており、博文約礼（『論語』子罕篇）は孔孟の教えだと説き、ものごとには長短があるから長を取るべきことを主張している。後段にみえる「二弁語徴」は『弁道』『弁名』『論語徴』のことであろうが、孟子排斥を非難し、仁斎の「大学・孝経」蔑如を難じている。徂徠の文章力は澹泊、南渓、赤水ともに評価するところであったが、それは徂徠の思想的側面までをも含むものではない。末尾に老牛先生（澹泊）は「其の歎服の情、遺文に見はる」としているが、この遺文中に「赤水老人の許に獲た」という「検閲議」は含まれないであろう。「検閲議」には古文辞学への批判がみられるからである（後章参照）。

なお、名越漠然氏は「赤水が徂徠学を信奉したといふ事は全くの誤伝である」とされつつも「然しながら南渓先生が其の誤伝の為めに赤水を疑つたことは事実と見え、他日赤水が立原蘭渓に書を与へて弁解した文がある」としてこの書簡を紹介されている（『水戸史学』第六十九号所載の「南渓先生小伝（下）」）。

また、赤水は晩年の「志学警」という短い一文でも、貝原・白石・鳩巣・伊藤父子とともに徂徠や南郭に「見るところあり」としつつも、学問は孔子とその弟子そして漢・唐の人物を挙げ、本邦では羅山・惺窩・舜水及び義公を「宗とすべ」きことを諭している（時に幽谷は十四歳であったが、直接に赤水の教えがあったかどうかは不明である）。

このように赤水の徂徠観をみてくる時、初学の幽谷が徂徠の文章に接することは自然であり、その文章力から学ぶところがあったことは認められてよいが、それが幽谷学の根幹形成に直結するとはいえないのである。すでに言及したように、幽谷学の根幹、それは前述の「②精神」であるけれども、それはやはり義公精神であり（濃淡はみられるが、澹泊、南渓、赤水においても基本的には同様であろう）、その復活への思いなくして幽谷学の形成はありえないというべきであろう。

晩年の幽谷が徂徠や鳩巣の余毒を被っていると青山延于を批判して「徂徠・鳩巣等一種之悪習を除去候様に御腸胃を御洗滌候ハヽ、貴兄の御文章方今海内無双非諛言と存候」（『貴重書解題・第十四巻――藤田幽谷書簡――』一四一）と書き送っていることは生涯を通じての徂徠批判ということができよう。

それにしても、幽谷亡き後の楓軒が「近代荻生惣右衛門抔申候者以来段々学風浮薄相成御用ニ相立兼古代淳厚之風を失ひ気之毒仕候」（『楓軒先生秘策』下、天保二年三月）と指摘したのは徂徠批判を通じての幽谷派に対するそれなのであろうか。

補論　藤田幽谷の志類観

藤田幽谷の門人である石川久徴の「幽谷遺談」（『幽谷全集』収録）に次の一節がある。

歴史の骨は志類にあり、熟読するときは、其世々の長短、さもあるべしと察せらる丶也、又、其世の大祖の器量も明白に知らる丶也、紀伝の類、賢不肖の君臣あるは、何れの世も同じ事にて珍しからず。

「志」というのは部門別の歴史であり、紀伝体の歴史書にはなくてはならないものである。具体的にいえば神祇志とか地理志とかの類であり、いわば制度史のことを指す。確かにこの記述によれば幽谷の志類重視は明らかであるが、しかしそれが制度重視の徂徠学に直結するのかという疑問の解明が以下の目的である。

ここで考察の俎上に載せるのは水戸学の前期と後期の相違を徂徠学の影響に求める考え方である。その考え方は尾藤正英氏によって主張されているが、後期に具体化した『大日本史』の志表の編纂が徂徠学で重視していた礼楽刑政、すなわち制度史重視の考え方の影響によるとし、その有力な根拠として提示されたのが先の幽谷の言説だったのである（日本思想大系『水戸学』の解説）。

しかし、この史料の解釈に問題はないのであろうか。確認のために引用の直前の部分を掲げると、

久徴嘗て歴史の会読三国志・晋書に至るのみにて其後は止めたり抔、先生に語りしに先生曰く、

歴史は志類最面白し、予が曰く、志類は唯素読の如くして伝抔の如く熟読せずと云へば、夫れは如何なる学問の仕方ぞや、

であり、その後に先の引用がみえ、

志類を不読《よまざる》は歴史を見ざるがよしと大きに咲《わら》われたりき、

と続いているのである。久徴というのは門人の石川桃蹊《とうけい》のことで、いわば弟子の問いに対して師の答えを筆記したのが「幽谷遺談」なのである。一読して明らかなように「嘗て」のことであり、会読を途中で止めたことに対しての師からの指導の言という性格をもつ一節となる。志類を熟読しない門人への戒めの言葉であり、志類を読まなければ歴史を勉強したことにはならない、と大いに咲ったわけである。

したがって、全体としては決して長い文章ではないが、その一部を抄出したのみでは真意が伝わりにくいであろうし、誤解のもととなろう。もとより、この一文からも幽谷の志類重視の考えを窺うことはできるが、それは一般論というべきであって必ずしも特筆することはできない。というのは、幽谷は後期水戸学の創始者ではあるけれども依然として紀伝の校訂に心を砕き、光圀の遺志の把握とその実現に務めていたからである（拙著『現代水戸学論批判』）。

○

水戸藩の『大日本史』編纂は寛文十二年に編纂所である彰考館が開かれてより本格化し、光圀が

歿するまでには百王本紀と列伝の一部の草稿が完成していた。『大日本史』は紀伝体の歴史書であるから紀伝志表の四部門が必要である。それは幽谷自身が主著ともいうべき『修史始末』に「義公（光圀）西山（光圀の隠居地）に於いて、語りて屢々修史に及ぶ。紀伝有りて志無きは決して全書と為すべからず」とか「西山十志の目、得て見るべからず。惜しいかな」と記していることによっても窺われる。後者によると光圀当時「志」の十項目が定められていたが、幽谷はそれを見ることができなかったわけである。

さらに、光圀当時の史臣で彰考館の総裁を務めた安積澹泊が「専ら志稿を修む」「十志猶未だ成らず」「寡君の命を被り、食貨志を編纂す」「而して志を修めること尤も難し」などと記していることをみても光圀時代、すなわち前期から「志」編纂に従事していたことは明らかである。光圀時代の制度史関係の編纂書にもこと欠かないのも事実である。例えば『礼儀類典』『立坊儀節』『立后儀節』などは「礼楽制度」に連なるものであり、澹泊が「治乱興廃、礼楽刑政、類聚群分、勧懲並び存して、燦然見るべきものは、実に西山公の創為する所にして」と語っているほどなのである。

また、幽谷の師である総裁の立原翠軒が廃志論を打ち出した時幽谷等子弟は反対したのであるから、それまで藩内には明確に志表編纂の意志が存在し続けていたとしなければならない。翠軒でさえも仏事志の編纂に携わり「志表未だ成らず、全書と称し難し。僕恒に西山先公の意に答へ、今公の志を成さんとす」と述べ、進捗状況の遅延から紀伝の刊行を優先しようとしたのが廃志論の提唱であった

（拙著『藤田幽谷のものがたりⅡ』）。このようにみてくると、幽谷の志類重視にかかわらず、志表の編纂は紀伝が終了すれば当然の結果として進められねばならないことであったといえる。

そうとすれば、志類編纂の継続提唱は外部からの影響（徂徠学など）を指摘するまでもなく十分に説明が可能である。尾藤氏の提唱は「幽谷遺談」の誤読に基づくものであって何の意味も持たないといえよう。

しかも、「幽谷遺談」のこの一節の重要性はすでに曾我部静雄氏によって指摘されていたのである。曾我部氏は「周礼の内容と同じ内容を持つ志類を最も重んじた」と述べられ、幽谷の志類重視が『周礼』（周官）の研究に基づくものであることを論じられていたのである（『律令を中心とした日中関係史の研究』）。そもそも孔子に折衷すること（一般的な分類でいえば古学といってよい）を念願とした幽谷であるから元々に基づくことはあっても、近々の徂徠学に基づくことはあり得ないというべきであろう。したがって、志類の重視においても『周礼』に源泉を求めることは決して不当ではないと思われるし、幽谷の古典重視はすでに十代に淵源がみられるからでもある。

○

曾我部氏の言及に関しては近年関口直佑氏もふれられている（『近代日本国体論の研究』副題は「会沢正志斎と考証学」）。それは会沢の『周礼』研究に関してであるが、その前提として曾我部氏が幽谷の『勧農或問』にすぐれた成果が窺えるとされたことである（本書第十四章の付記を参照）。関口氏は『周礼』

の影響は東湖にもみられるから「後期水戸学と『周礼』の関係性については、幕末維新期の思想研究においても不可欠な視点である」とされている。

幽谷の『周礼』への関心については今井宇三郎氏「水戸学における儒教の受容」（日本思想大系『水戸学』収録）にも言及されているから、尾藤氏がこの点を念頭におかれれば「幽谷遺談」の曲解は避けられたのではないかと思われる。

なお、関口氏が「後期水戸学における文献学的傾向を徂徠学のみに帰納することは不正確であるように思われる」と述べられていることは慧眼であろう。

第十七章　藤田幽谷と安積澹泊「検閲議」

一　「検閲議」の本文

水戸の長老である安積澹泊は最晩年ともいうべき亡くなる前年、すなわち元文元年に「検閲議」という重要な文章を書き残した。本章は古文辞学との関連において、この文章の再考察を意図したものである。まず全文を掲げて、さらに注釈を試みてみよう。原文（茨城県立歴史館所蔵）は『水戸史学』第十三号に掲載の写真版による訳註とし（宮田正彦氏による。平出は原文のまま。『義公歿後三百年光圀――大義の存するところ如何ともし難し――』にも収録。また、平成十四年度水戸学講座『水戸の文籍（前期）』収録の久野勝弥氏「安積澹泊と『検閲義』」及び宮田氏『水戸学の窓』収録文をも参照させていただいた）、誤植等には訂正を施した。なお、掲載に当たっては読み下しとし、通用の文字を使用した。『修史始末』や『水藩修史事略』の収録文には若干の異同が認められるが、文意を変えるほどのものではない。

日本史上梓日有り。何の慶幸か之に如《し》かん。諸君検閲の功も亦至れり。僕、壮年江館に在り。久しく吉磐斎《けいさい》・村篁渓・串雪蘭・栗潜鋒子と編修の事を同じうす。栄花物語の如き、至浅至近、而して国語優柔、婦人の手に成る。其の通暁し難きこと、恰も禹碑石鼓の文の如し。当時篁渓、雪蘭と局を同じうし、正に栄華の時世に当る。雪蘭刃を迎へて解く。篁渓觚《こ》を操りて書し、遂に各伝を成す。蓋し、雪蘭傑出雋才《しゆんさい》、考索精確、発明敏捷、曽南豊が所謂古の良史、その明以て万事の理を周くするに足り、其の智以て知り難きの意に通ずるに足るもの、庶幾《こいねが》はくば之に近からんことを。天をして之に年を仮さしめば、則ち日本史の成る、近年を俟たずして能事畢らん。大鏡、増鏡に至りては、国字書する所、之を訳する甚だ難し。前輩心を用ふる、此の如く周摯《しゆうし》、此の如く縝密《しんみつ》、而して検閲の諸君、事実を究めず、唯文字の簡潔を欲し、而して一筆勾し去る。儻《も》し前輩をして之を見せしめば、則ち果して能く心服する乎。腹誹《ふくひ》する乎。凡そ史漢より下簡潔と称するもの、唯陳寿の三国志のみ。然れども太《はなは》だ簡に過ぎ、事詳備ならず。故に宋の文帝、其の略を嫌ひ、裴松之《はいしようし》をして補註せしむ。新唐書、事、前より増し、文、旧より省けりとて、欧宋二子の上表して、自ら称許するところ、而るに劉元城以為《おもへら》く、事増し、文省けるは、正に新書の失処と。故に唐子西、敢て道を乱るの語あり。邵伯温《しようはくおん》、戴誰頭の譏りあり。然らば則ち史の簡潔に一ならざること、概見すべし。古人の成語、妄りに改むべからず。三善清行、紀長谷雄の如き、皆大手筆なり。僕をして其の時に生まれしめば、則ち僅に能く盥《かん》匜《い》を奉じ、沈箪を斂《おさ》め、而して其の残膏剰馥に霑《うるお》はん。而るに、点竄塗抹せんと欲す。真に昌黎が所謂蚍蜉樹を撼《うごか》すの類なり。文章各其の体有り。序記書論の若きは、則ち諸君縦横貫穿、其の筆力に任せて可なり。日本史の若きは、則ち自ら定式有り。
義公法を立つること甚だ厳、文を騁《は》せ辞を弄することを許さず。務めて核実ならしむ。毎に史臣を戒めて曰く、寧ろ繁なるも簡に失すること勿れ。寧ろ質なるも文に過ぐること勿れと。僕、嘗て平玄中に復するの書に於いて、略《ほぼ》其の事を言へり。又諸君の簽書を見るに、或いは伝中の月日を去らんと欲する者有り。此れ殆ど然らず。晋書王濬《しゅん》伝に、直ちに十五日を以て三山に至る、明十六日悉く領する所を将ゐて、還《ま》た石頭を圍む。去る二月武昌守を失ふと。其の月日を書すること一にして足らず。苟も是の如くならずんば、則ち以て当時の事勢を見るに足らず。故に、義公、干支の推歩に労するを嫌ひ、直ちに日子を書せしむ。史の正体に非ずと雖も、而れども三代実録、既に其の例有り。蓋し日本史、実録及び資治通鑑の体を参用す。故に諸書を参覈《さんかく》し、異同を甄別《けんべつ》するときは、則ち温公の考異に似たり。此れ
義公の雅量にして、後の良史に望む所なり。夫れ、史、謬誤無きに非ず、能く其の誤を正すを得たりと為す。譬へば唐の代宗の時、行営節度使馬璘の卒に、能く弓の重さ二百四十斤を引く者有る如し。旧書に能く二十四弓を引くに作る。理に於いて通ぜず。故に温公段公別伝に従つて、旧書を取らず。它事に至りては、則ち新書を取らずして旧書に従ふ者甚だ多し。古人用心の公且つ大なるを見るべし。僕、嘗て燕寝に咫尺《しせき》し、面《まのあたり》
義公の旨を承く。義例を修むるに至つて、亦其の議に与る。今を距る四十年、恍として隔世の如し。

但、恐る後生晩輩、未だ嘗て夢にだも義公を見ずして絃を更へ轍を改めんと欲するを。

義公在天の霊、其れ能く之を安んずる乎。抑も将に拒んで而して受けざる乎。皆知るべからざるなり。

此れ、一毫も私の為にするに非ずして、万死は公の為にす。其の可否の如きは、則ち総裁の鑑定する所に在り。僕、与らず。諸君研覈に意在らば、冀《こいねがは》くば明対を賜へ。

元文改元の冬

老牛居士安積覚　拝

二「検閲議」の注釈

次に注釈を加えよう。対象は傍線部である。吉磐斎・村篁渓・串雪蘭・栗潜鋒子はそれぞれ吉弘・中村・大串・栗山のことで、みな総裁を務めた人物である。禹碑石鼓の文は禹が治水の時に刻んだという七十余字の碑文と周の宣王の石刻十個からなる四百六十余字の文のことをいう。曽南豊は北宋の人で唐宋八大家の一人として知られる。南豊の生まれという。陳寿の三国志は晋代の人陳寿による魏呉蜀の歴史書のこと、二十四史の一つ。裴松之は南朝宋の人で三国志の注を作った。欧宋二子は欧陽脩と宋祁のこと、ともに北宋の人。欧は唐宋八大家の一人、宋は詩文では兄とともに二宋と称された。『澹泊齋文集』巻八収録の「平玄中に答ふるの書」にも「唐書は宋欧二子の手に成る」とみえる。劉元城、唐子西、邵伯温はみな宋の人。三善清行、紀長谷雄は平安時代の文人、『大日本史』列伝（諸臣伝と文学伝）に伝がある。昌黎が所謂蚍蜉樹を憾すの類は韓愈の詩「調張籍」の一節で、見識の乏しい者が自分よりすぐれた者を妄りに批判すること、樹は正しくは大樹である。張籍は人名、調はからかうの意。平玄中に復するの書は正しくは平玄中に謝するの書、平玄中は徂徠門人の平野金華のことで、守山藩儒。晋書正濬伝は唐の太宗の命により作られた晋の歴史書、温公の考異は宋の司馬温公（光）著『資治通鑑』の考証過程を述べたもの、行営節度使馬璘は唐の将軍、旧書は旧唐書のことである。なお、斤は重さの単位である。

文意は検閲に関する議論であり、刊行上梓が決定した後の再度の総点検（吟味）に際して澹泊（老牛は晩年の号）が、小池総裁らの検閲に対しての危惧からその方法について述べたものである。その危惧は総裁が「文学者型の総裁」（吉田一徳氏『大日本史紀伝志表撰者考』序論第五章）だったことに起因するものかもしれないが、先輩諸氏の苦心の跡を具体的に述べつつ、義公修史の基本方針を確認して「事実を究めず、唯文字の簡潔を欲し、而して一筆勾し去る」という検閲者の安易な独断を戒めている。とりわけ義公の「寧ろ繁なるも簡に失すること勿れ。寧ろ質なるも文に過ぐること勿れ」という戒めを伝達したことは、この文章のもっとも重要な部分である。この戒めが義公の直接の指示であったことは元禄九年に澹泊自らが記した「重修紀伝義例の後に書す」という一文にみえており、義公がこの文章を嘆称されたことによって明らかである。澹泊が「検閲議」に生涯を費やした修史への飽くなき思いをこめていることは容易に窺うことができようが、この文章の評価は幽谷の按文が明確に示していると思われる。幽谷は『修史始末』元文元年の条に「検閲議」の全文を掲げ、末尾に割注して「澹泊文集に載せず。故に今人能く識るものあることなし。百方捜索、これを赤水老人の許に獲たり」と記しているが、これほど重要な文章が文集にみえないことはもとより容易に入手出来なかったことは不思議ではある。按文は左の通りである。

享保以来、古文辞の学盛んに江都に行はれ、天下を風靡せり。この時に当つて、本館新撰之士、亦、或いはかの惑はす所と為る。故にその文章を論ずるに、古人用意の勤を究めず、輒《たやす》く改竄せんと欲す。老牛先生の昌言、これを排する亦宜ならずや。

ここには、幽谷が「検閲議」の中に澹泊の古文辞学排斥をみつつ、その言を高く評価したことが明らかに読み取れよう（昌言は立派な言葉の意）。それでは古文辞学とは一体どのようなものであり、それを澹泊や幽谷がどのように捉えていたか、が次の問題として検討されねばならないであろう。なお、蛇足ではあるが、『修史始末』に収録の「重修紀伝義例の後に書す」と「検閲議」はともに全文であるから（他に「村篁渓の江戸に之くを送るの序」がある）、これをみても幽谷が義公の遺志を伝えたこの二文をいかに重視したかが窺えよう。

三　澹泊と徂徠

澹泊の生涯が義公の修史とともにあったことはいうまでもないことであるが、古文辞学との関連を考える場合にもこのことをまずは念頭におかねばならない。すでに徂徠学との関係にはふれたことがあるが(『現代水戸学論批判』第九章)、澹泊はその姻戚関係によって徂徠学派と接近した。その発端は甥に当たる岡田宜汎が徂徠の門人だったことによるのであろうが、宜汎は元水戸藩士で守山藩の家老職の岡田家を継いだ人物である。宜汎を通じて平野金華と交わり、そして徂徠と文通したのである(『澹泊齋文集』巻七収録の「荻徂徠に復するの書」には、姻戚の宜汎をして平野兄を通じて詩を乞うたことがみえる。なお、秋山高志氏『水戸の文人』収録「守山藩主松平頼寛と諸書の編纂」の二も参照)。

やがて成就しなかったけれども服部南郭や大内熊耳の招聘画策となるのであるが、招聘は澹泊の単なる好尚ではなく、志類の編纂と関係するのではないかとの見解を先に述べたのである(前掲拙著)。澹泊が徂徠学派に期待したのはその文章力であったと思われるが、澹泊の徂徠学派との交流は享保年間のことであり、徂徠が歿し、続いて金華が逝くに及んで終焉する。終焉後、紀伝の総吟味が行われることとなり、「検閲議」の執筆となったわけである。

さて、澹泊が徂徠の古文辞学を理解していたであろうことは、次の澹泊宛書簡からも容易に窺えよう(『徂徠集』巻二十八収録の「安澹泊に復す(第三書)」、『漢文学研究』四収録の揖斐高氏「擬古論」所引による。以下同じ。ルビは原文のまま)。

中年、李于鱗・王元美の集を得て、以て之を読むに、率《おほむ》ね古語多く、得て之を読む可からず。是において発憤して以て古書を読む。その日の東漢以下に渉らざるを誓ふこと、亦た于鱗氏の教の如き者、蓋し年有り。六経より始め、西漢に終り、終りて復た始め、循環して端無し。久しくして之に熟し、啻《ただ》にその口より出るが若くなるのみならず、その文意互いに相発して、復た注解を須《ま》たず。然る後に二家の集、甘きこと蔗を噉むが如し。是において首《かうべ》を回らして以て後儒の解を観るに、紕繆《ひびう》悉く見《あら》はる。祇《た》だ李王は心は良史に在りて、六経に及ぶに遑《いとま》あらず。不佞は乃ち諸《これ》を六経に用ふること、異なること有りと為すのみ。

徂徠は自らの古文辞学が明の李・王、すなわち李于鱗と王元美によったものであり、それを六経（詩・書・礼・楽・易・春秋）にまで拡大して樹立したと述べている。また復古の主張については、

不佞則ち以為らく、道の大は、豈に庸劣の能く知る所ならんや。聖人の心は、唯だ聖人にして後にこれを知る。亦た今人の能く知る所に非ざるなり。故にその得て推すべき者は、事と辞とのみ。事と辞とは卑卑たりと雖も、儒者の業は唯だ章句を守り、諸を後世に伝ふ。力を陳べ、列に就くは、唯だ是れその分なり。

と述べて、聖人の道は自明であり、その道を得て実践するのは為政者の務めであって儒者が直接に関わるものではない、としているようである。それは端的に捉えれば学問と実践との間に一線を画していたということであろう（揖斐氏前掲論文）。この断片的な一節からでも徂徠が主張する古文辞学の把握は可能であろうが、「事と辞」についてもう少し徂徠の主張をみておこう。

それ辞と言とは同じからず。足下以て一と為すは倭人の陋なり。辞なる者は言の文《かざ》れる者なり。

言は文ならんことを欲す。故に辞を尚ぶと曰ひ、辞を脩むと曰ひ、文以て言を足すと曰ふ。言何を以て文らんことを欲するや、君子の言なればなり。古の君子は礼楽諸を身に得。故に辞を脩むとは、君子の言を学ぶなり。(『徂徠集』巻二十二、「平子彬に与ふ(第三書)」)

ここにみえる辞とは「文采華麗なレトリカルな表現」のことであるが、それは先王の道の本質であり、また「文采華麗なる礼楽の制度」でもあったという(揖斐氏前掲論文)。また、次のような主張もあった。

古言は簡にして文、今言は質にして冗なり。雅言の俚言に於ける、華言の倭言に於けるも亦た猶ほ是の如きか。(『徂徠集』巻二十七、「屈景山に答ふ(第一書)」)

このように一瞥しただけでも徂徠の主張が多岐にわたることが知られるが、書簡の往復が澹泊にとって徂徠の古文辞学を十分に把握することを可能にしたことは認められてよいであろう。もっとも、徂徠学派内でも決して徂徠の主張が唯一絶対のものではなく、門人例えば太宰春台などは師が重んじた李于鱗の文を否定し、かえって韓愈を高く評価したようであった(武部善人氏『太宰春台』)。なお、平子彬は徂徠の門人三浦竹渓(本姓は平)のこと、屈景山は京都の儒者堀景山のことである。

ところで「平玄中に答ふるの書」に、次のようなことが述べられている。

当初は徂徠先生の文名が震っていたので昌黎の再来というべきだとし、門下が籍湜《せきしょく》に譬えたのも無理からぬことと思った。その後、先生の手書に接し、始めて古学の研究をして東漢以下には及ばないことを知った（先の引用参照）。昌黎は議論を好み務めて理を言い、その風潮は宋に至って益々盛んとなったが、昌黎には満足しなかった。どうして籍湜の微細なものに譬えることができようか。前書に述べたことを深く反省しているので微意を汲んでほしい。

籍湜というのは韓愈（昌黎）門人の張籍と皇甫湜のことであり、「検閲議」にも韓愈の「調張籍」という詩の引用がみえている。このように「平玄中に答ふるの書」からは、澹泊が徂徠の韓愈排斥、そして古文辞学を理解する経過を窺うことができる。なお、東漢は後漢のこと（都が東の洛陽に移ったところから）である。

幽谷は澹泊が徂徠学派と交流していたこと、またそれのみでなく江戸における古文辞学の隆盛が史館にも影響を及ぼしつつあったとの認識を抱いていたことは、先の按文からも窺えるのである。それでは、幽谷自身は古文辞学をどのように捉えていたのであろうか。

四　幽谷の「四家雋を読む」

幽谷は十五歳の春に「四《し》家《か》雋《しゅん》を読む」という一文を書いている。『四家雋』というのは荻生徂徠が編集した書物で後に門人によって刊行されたが（太宰・服部・宇佐美の三門人による校訂で宝暦十一年六月付の序がある。日野龍夫氏『服部南郭伝攷』によれば湯浅常山の『文会筆記』に徂徠が太宰の校訂の疎漏を叱ったことがみえるという）、いわば読後の感想文とでもいうべきものである。感想文とはいうものの、そこには若き幽谷の勉強の跡がみられ、古文辞学把握の状況を窺うことができるのである。まずは四家であるが、唐の韓愈と柳宗元、そして明の王元美と李于鱗のことで、一・二巻に韓・柳、三〜六巻に王・李の文章を収めており、徂徠の具体的な古文辞を知ることができる書物である。

幽谷はこの一文に、今の文章を論ずる者は唐の韓と柳、明の王と李をあげて、その達意に倣い、その修辞に学ぶことをいうとし、四家を評しては韓・柳は旨を師として辞を師としない者であり、その議は偉であるとする。それに対して王・李は古を視て辞を修め、務めて雅馴を重んずるが、鈎棘を以て（読みにくいの意）文章を書くのであって、その見識は浅いとしている。また、韓・柳は斉・梁の弊害を改め、王・李は宋・元の習を去り鈎棘の疾があるので、その巧拙を知るべきであるとも述べ、句は韓・柳に倣い、字は王・李に学ぶことを以て結んでいる（なお、後年ではあるが『修史始末』と同年に書かれた「校正局諸学士に与ふるの書」には「明の王世貞、文章を以て家に名あり」とみえるので、世間の評価が高いことを認めていたと思われる。元美は世貞の字）。

次に『四家雋』についてみておこうと思うが、二つの序文に続いての「雋例六則」には編纂の意図が記されており、ここには徂徠自らの古文辞の主張が窺える（以下、『上智大学国文学論集』（三〇）収録の白石真子氏「荻生徂徠『四家雋』に見える文論」を参照。架蔵の木版本『四家雋』は氏の報告の通り六冊で序や六則も付されているが、日野氏前掲書には「未完成の著作であって、徂徠の評語の量が、徂徠としては韓柳よりも重要だったはずの李王に対して極めて不十分である」とみえる）。第一則では『古文真宝』と『文章規範』

に批判を加え、特に後者については編纂者の謝枋得を「名儒」としながらも、

其の書、本より以て挙業に便りす。挙業は論策を主とす。故に其の選、議論を主として叙事に及ばず。夫れ文章の道、一を闕きても不可なり。

と難じていることは徂徠の目指すところを示している。第二則では『唐宋八大家文鈔』にふれ、韓・柳は取るけれども欧陽脩や蘇軾は取らないとし、その理由は「宋調」であるが故とするのである。また、八大家の他の四名すなわち蘇洵・蘇轍・王安石・曽鞏（南豊）に関連して、徂徠は「世又加るに二蘇・安石・南豊を以てして之を八大家と称する者あり。是れ茅坤が私言なり」という。茅坤は『唐宋八大家文鈔』の編纂者である。

続いて第六則には「文章の道、達意、修辞の二派、聖言より発す」とし「辞を修むるに非ざれば、則ち意達することを得ず」と述べた後に、文章家の評価を加えて「故に李・王、修辞を以て之を振ふ。一に古を以て則と為す。大豪傑と謂ひつ可し」と結論している。これを解釈して白石氏は、『四家雋』は、その考えのもとに編纂された、韓・柳、李・王に文章の手本を求め、それを学ぶための書物だったことがわかる。また、その志向するところは「古言」、復古の方向を取ることになる。但し、韓・柳と李・王を取ることにより、「達意」と「修辞」の両者をともに同等のものとして認めているかのようであるが、徂徠の文論では明らかに「修辞」に重点を置いているのがわかる。「修辞がなければ、意も達せられない。」とのみ言い、「修辞」を強調しているからで

ある。

と述べられている。同様の見解は藍弘岳氏にもみられ、「宋調」的な文章選集を斥けて「修辞」が施された「古文辞」を重視する文章観の規準を作るために『四家雋』は編集されたとされる。さらに、韓・柳を評価しながらも、

彼（徂徠のこと）からみれば、韓愈が復興した「古」とは、主として『孟子』のような「理」を説く議論文である。また、韓愈が古代の叙事文たる『左伝』を「浮誇」と評したことや、「陳言を去る」と主張したことなどは、「古文辞」が重視されなかったきっかけになっているという。徂徠は、『左伝』など古代の「修辞」を重んじる叙事文の伝統が韓愈の影響によって衰えたことが問題だと見ている。

と述べられている（『日本漢文学研究』三収録「徳川前期における明代古文辞派の受容と荻生徂徠の「古文辞学」――李・王関係著作の将来と荻生徂徠の詩文論の展開――」）。ただ、諸氏も言及されているように李と王にも相違がみられ、とりわけ徂徠が難解といわれる李を推奨したことには門人の間にも戸惑いがあったくらいであるから、必ずしも徂徠の先人評価は一貫したものではなかったといえるかもしれない。

いずれにしても、このような『四家雋』の主張は幽谷の理解するところであったろうが、李・王よりも韓・柳を評価していたことは徂徠の主張への批判であり、それは古文辞学をかなり正確に把握していたことを示すものでもあろう。

また、恐らくは「四家雋を読む」と同年の作かと思われる幽谷の「小宮山君に与ふ」には、原子簡が徂徠の文を称揚しながら李・王を貶していることは、徂徠が李・王に学んだ者であることから矛盾ではないか、と指摘した箇所がみられる。そして韓・柳を「瑰偉の見、俶儻の才」、李・王は韓・柳に及ばず「鈎章棘句、以て其の陋を飾る」者と評しつつ、英気を養わずして徂徠に倣おうとすることを戒めているのである。直接に徂徠を批判したわけではないが、ここでは徂徠が李・王への傾倒を明確に把握していること、さらに幽谷が李・王よりも韓・柳を評価していることを確認しておこう。

もう一例を挙げておくと、寛政元年十六歳の「木村子虚に答ふ」では「皆辞に蔽れて其の実を知らず」とし、「徂徠氏の学、其の弊言に勝ふべからざるものあり」という指摘も古文辞学への拘泥に対する批判とみることができよう。なお、幽谷の師である立原翠軒も文章では韓愈を師とすると述べている（『水戸市史』中巻二の第十章第二節）。

五　「検閲議」の真意

以上をふまえて、再び「検閲議」を検討してみよう。問題は「検閲議」のどこに幽谷が古文辞学排斥を見て取ったかということである。そこで再度、この文章を熟読玩味する時やはり「寧ろ繁なるも簡に失すること勿れ。寧ろ質なるも文に過ぐること勿れ」という義公の戒めに注目しなければならないであろう。この箇所の、とりわけ前後の部分に注目すれば、例えば「法を立つること甚だ厳、文を騁《は》せ辞を弄することを許さず。務めて核実ならしむ」とみえることをふまえれば文意は明らかであろう。「法」は文章を作る時の方針ということであろうし、それを厳しく立てて、文章を思いのままに書き、言葉をもてあそぶことを戒めて、核実（確実に突き詰めて調べるの意）であることを求めたわけである。そのためには文章を簡略にしすぎてはならないし、文章を文《かざ》りすぎてはならないとした具体的指示が「古人の成語、妄りに改むべからず」であろう。そして、それは義公が「干支の推歩に労するを嫌ひ、直ちに日子を書せし」めた理由であり、「事を記す者は、事を以て日に繫《か》け、日を以て月に繫け、月を以て時に繫け時を以て年に繫く」という『春秋左氏伝』の序への回帰でもあろう。

これに対して古文辞学では修辞、すなわち詩文における声・色・格調などを重視するのであるから、文章を文ることにほかならないであろう。揖斐氏の言を借用すれば「文采華麗なレトリカルな表現」ということになる。そうであれば義公の戒めと対立することになり、そこに幽谷は古文辞学排斥の思想をみてとったに相違ないのであって、それが澹泊の「検閲議」を「昌言」とした理由ではないかと思われるのである。なお、蛇足ではあるが、澹泊は徂徠が「宋調」を斥け、そして難じた曽南豊・欧陽修はじめ宋の人（劉元城・唐子西・邵伯温など、宋祁も含めてよい）をことさらに引用しているようにも思われる。

ところで、先にも述べたようにこの一節は「重修紀伝義例の後に書す」にみえているのであるから、年代的にみても義公が徂徠の古文辞学を念頭においていたわけではなく、徂徠学派には澹泊によって伝えられたのである。それは「検閲議」本文にみえる「平玄中に復する書」によるのであり、義公の修史におけるもっとも重要な教えを伝達教化して、そうして徂徠学派の文章力を修史（とりわけ志類の編纂）に生かそうとしたのではあるまいか。ところが、思うように事は運ばず、かえって古文辞学の隆盛（朱子学の再興に努めた那波魯堂の『学問源流』に「徂徠の説、享保の中年以後は、信に一世を風靡すと云ふべし」とみえることは幽谷の按文を実証する）が義公の戒めを損なうことになると危惧した結果が「検閲議」となって表明されたのであろう。やがて、それは義公の戒めの再確認となり、それを修史に生かそうと務めたのが幽谷であったということなのである。かくして幽谷の按文は千鈞の重みを持つ、と筆者は考えるのである。

なお、義公の戒めは河合正修が『史館旧話』に「文辞の繁蕪を厭、筆勢の奇健ならん事をおもひて事実を誤べからず、寧繁勿失簡、寧質勿過文と確乎たる厳命ニ依而史臣皆慎正ニ著述仕候」と伝え（名越時正氏『水戸史学』第五十一号収録「義公の横顔──『史館旧話』について──」、菊池謙二郎氏『水戸学論藪』「水戸学風と尊皇」の章にも引用）、幽谷は「校正局諸学士に与ふるの書」に引き、さらには子息東湖の「青山総裁に与ふる書」や『文苑遺談』の徳田庸の項にもみえることを付記しておく。

第十八章　藤田幽谷における一字一句の取り扱いの意味

一　「聿脩録の序」をめぐる問題

一字一句といえども疎かにしないのは水戸史学の特色である。先にその一端を『大日本史』編纂における事例から紹介したのであるが（拙著『大日本史の史眼――その構成と叙述――』第二十章）、以下には藤田幽谷の場合を取り上げる。

考察の対象とするのは「聿脩録《いっしゅうろく》の序」をめぐる問題であるが、一連の事情は『貴重書解題第十四巻――藤田幽谷書簡――』（国立国会図書館発行）収録の書簡に窺うところである。この問題に関してはすでに井坂清信氏によってその経緯、すなわち序の成立事情が詳細に検討されているので（『江戸時代後期の水戸藩儒――その活動の点描――』）全面的に井坂氏に依拠しつつも、幽谷が一字一句をどのように取り扱ったのか、そして水戸史学上その意味はどこにあるのか、という観点から考察を試みようとするのである。

「聿脩録の序」というのは、津藩祖である藤堂高虎の伝記に水戸藩主斉脩が付した序文のことである。この伝記を『聿脩録』というのであるが、実はこの書名が水戸藩側からの提唱によるものだったのである。まずはこの点から確認しよう。幽谷書翰一七八（『貴重書解題』収録、以下同じ。なお、この書簡はすべて水戸の幽谷から江戸の青山延于に宛てたもので、そのほとんどは文政六年から八年にかけての発信とされる。当時、青山は江戸史館総裁）には、

且聿脩の名も、元ハ創業記と有之所、天下へ押出し申候書名には僭踰の様に相聞へ候に付、御序文被遣候ハヽ、書名相改可然旨申上候而、段々懸合為相直候も、小子発端ニ御坐候。小子儀ハ介九郎と違ひ、其御地に親近仕候にも無之、且又文辞は拙陋ゆへ、御刪潤申上候は介九郎江譲置候。

とみえている。これによれば、『聿脩録』は元来は「創業記」（「太祖創業記」）と命名されており、「僭踰」（身分を越えたことをするの意）に聞こえるから書名の変更を提案したが、それは幽谷が発端であったというのである。「文辞は拙陋」というのは謙遜であろうが、序文の添削は江戸の介九郎に譲って置いたというわけである。介九郎は江戸史館総裁である川口嬰卿のことで序文に関する水戸側の窓口であったからであろう。

また、幽谷書翰一八三には、

彼書名ハ元来創業記と出来候所、一家之記事には不相応之由、介九郎在職之時相談申遣、介九郎より伺候而、今の名ニ為相改候様相成候。然る所、篇中高虎を太祖と単称いたし候。僭妄之甚と可申候。周時廟制ニハ、諸侯ニても太祖有之ハ勿論に候へ共、其諡号をも不挙候而、単に称太祖

候事ハ無之候。後世ニ至り候而ハ、単称廟号、帝王より外にハ無之事に候。高山公抔と書出させ候方可然候。其外不正之名義等更僕不能尽也。

とあり、「創業記」のほかにも「高虎を太祖と単称」と記した箇所があり、これも「僭妄」甚だしいことであるというのである。それは単称の廟号は帝王のみのものだからであるとして、「高山公」（高虎の通称）とすることを勧めている。このような論旨は幽谷書簡一七六にもみえている。

尚々、彼書中名義の不正候事、第一太祖云々と書出し申候。序文ニも、寡人斗ニも無之、太祖と有之候。太祖の字廟号ニて、春秋の時ハ諸侯ニも通称候へ共、平日の詞にハ用ひ兼候。廟号を平日の詞に用ひハ、後世ハ帝王の外にハ不承候。夫ゆへ御序文に権現様ヲ烈祖と被遊候而も、彼家の序ニハ、公然として高虎を我太祖と申候事、無忌憚様に御坐候。伊賀国主の事も、当世の通称ニハ候へ共、文辞に某国主ト有之候は、後世にハ大号ヲ称候者之外にハ少く可有之候。いろ〳〵申述度候へ共、今日ハ間に合兼候間、重而可得貴意候。

ここではさらに詳細であり、「太祖」に加えて「国主」をも論じ、これも避けるべきであるとするのである。

二　書名をめぐる問題

それでは何故に「創業記」という書名が「僭踰」なのであろうか。ここで思い起こすのは立原派がまとめた『垂統大記』のことである。『垂統大記』は「開国創業之事蹟」(小宮山楓軒「珠塵」)を明らかにする書として徳川家康の徳を讃仰して編纂されたものであるが、七十二巻に及ぶ大著であって創業家三代をはじめとして親藩・外様大名等の事蹟を叙述している(吉田一徳氏『大日本史紀伝志表撰者考』及び瀬谷義彦氏『水戸学の史的考察』)。天保八年になってから書名は烈公斉昭によって命名されるが、「創業垂統」は君子の場合に用いるべきであるとするのが幽谷学派の主張であり、家康の場合に使用したのが立原派であったのである(拙著『藤田幽谷のものがたりⅡ』参照、名越南渓の「大夫武庫令邊公の使を奉じて京に之くを送るの序」に「神皇、極を立て統を垂るるより累世百有余」とみえるのは幽谷学派と通ずるが、これが通常の解釈であろう)。幽谷学派では「太祖」を神武天皇に用いているので(例えば『新論』や『弘道館記述義』)、これも「高虎を太祖と単称」することを批判した幽谷の主張を継承したものといえるが、『垂統大記』をめぐっての見解は東湖の封事(『新定東湖全集』収録)にもみえるので若干を紹介しておこう。

まず、天保五年十月十四日付には次のような見解が述べられている。

右同日御途中に而垂統大典之事御意奉承知候処、右は題号乍恐得と不仕段は兼々申居候処、此度尊慮にて御改も可被遊旨実に難有御儀と奉存候。其節も奉承知候通り大典と中文字も相当不仕、尚又垂統創業抔申す文字天子の外には不宜、既に先年藤堂家の著述創業志と名づけ候を　哀公様にて聿脩録と御改被遊候様相覚候。然る処御家にて御撰之書名へ垂統の文字御下し被遊候而は、相当不仕御儀に御座候間　尊慮之通りあまり世上へ伝播不仕候内、御改に相成候方と奉存候。

これによれば当初「垂統大典」という書名であったことが知られるが、「大典」も「垂統創業」も天子に関わるから宜しくないと述べ、さらに「聿修録」の書名のことにも言及している。他家の書名に不可とした名を自家の書名とすることは東湖の主張の通りやはり不可というべきであろうが、「尊慮之通り」から推し測れば烈公にも世上に伝播することには何か危惧を抱かせるものがあったのであろうか。「聿修録」の先例を引き合いに出して強く改名を主張していたことが確認できるのである。

次に同月十八日付では書名（題号）についての具体的な意見を表明している。「統一大紀」については、

統一又は一統抔と申候儀天子の外には相用不申事かと奉存候。大紀と申す字面も別紙にも相見候通り皇王大紀皇明大紀等皆重く相用候儀と奉存候。一体紀の字は記の字と違ひ紀年本紀等の紀に御座候間、尚更大紀と申候儀は如何可有之哉と奉存候

「肇国繹記」については、

肇国の字も漢土の如く夏殷周其外代々国号を改候国に候へば相当仕候へ共、皇王一姓の国にて肇国と申候而は　神武天皇抔の様に罷成可申哉と奉存候。其上　崇神天皇を御肇国天皇と称し奉り候儀日本紀に相見候へば、旁肇国の字面得と不仕候様奉存候。繹記の二字はまづ深き御故障も有之間敷哉と奉存候。

としているのである。さらに「題号の儀尽く立派なる文字に被遊候へば、京師へ御対し被遊御名義は拘り候様罷成、扨又一と通りに被遊候へば諸侯の記録に似寄事軽く罷成候間、右之所御斟酌被遊名義をも御失ひ不被遊、又盛徳をも御没し不被遊候様御名け被遊候は甚不容易御儀にて中々我々共及愚慮兼候」ところであるから、「御国垂統大典掛りの方へ御内意御懸に罷成候とも仕度奉存候」とも綴っている。「統一」といい、「大記」といい、また「肇国」といい、まさに一字一句の取り扱いの様子が如実に窺われ、また京都に対する配慮すなわち「大義」に則っての見解の披瀝であることが知られよう。

ただ、『垂統大記』の議例には、「東照宮」の使用は朝廷から賜ったものであるからとし「神祖神君」等は用いないこと、「足利高氏」については神皇正統記・関城書・結城文書等により当時「尊氏」が用いられてないので「高氏」と記すことなどがみえており、水戸史学の精神が表れていることを付記しておく。

三　「聿脩録の序」をめぐる問題（続）

幽谷書翰にもどろう。書簡一八八には、

只今にてハ証文之出しおくれに候へ共、藤堂自分之撰述なれハ、御序文相願候而も宜奉存候所、左にハ無之、全く儒臣の詞に御坐候。夫故先鋒にてハ臣下へ命候而撰ハセ候書故、其序文にも寡人なと称候事ニ御坐候。此法へ相願候ハ、ちと不敬の様ニ御坐候。初命儒臣云々被申遣候も、文辞撰述等ハ儒臣の持前故、定而藤堂の存寄を儒臣ニて潤色の事と存候へバ、左ニハ無之、彼家ニて寿命撰の体に出来、藤堂序文ハ、申さバ漢土御製序文の様ニ御坐候。御家より被遣候御文は、藤堂へ御対被遊候故、以予御称被遊候外無之、つまらぬ事ニ御坐候

とみえており、「寡人」についても「不敬の様」であるとしている。儒臣に命じた著作との意識があるから「寡人」などと称えるのであろうが、それでは「漢土御製序文の様」であり、序を御三家の当主に依頼するのは不敬ではないかというわけである。関連して幽谷書簡一六九には、

此度改正本も寡人に出来候間、御序文中予字ハ孤字ニ御改被遊候様との御次第、段々之御取扱、御賢労千万ニ御坐候。仍而ハ彼是事体も宜敷相成候儀、御同慶奉存候。たゞ孤寡の称ハ、於小子ハいつれニも不得宜候様奉存候。寡人二字、彼方ニ而臣民へのみ相示候事にハ、其通ニ而も可然候へ共、堂々たる三藩へ差出し候而、御序文奉願候ニハ失敬に御坐候。

とみえ、さらに、

尚更彼方自序の文詞、寡人二字改候様御申候上ニ而、此方様之御序ノ文に孤の字御用ひ被遊候而ハ、何とか先方御軽侮被遊候様ニて、御謙光之道を失ひ、甚不可然様奉存候。御序文ハ先方へ御対御称被遊候事故、先方之自序よりハ目立申候。愚按にハ、先方ニ而改候筈に候ハ、為改、御序文ハヤハリ予の字ニて可然奉存候。尤貴兄より善庵等へ御懸合ニ而、彼自序中寡人の二字被改候

ハ、、何之次第も無之候へ共、是非の存し被置度候ハ、、此方へ被対候称謂と申ニも無之、自序中之事、其臣子へ之詞に候間、いか様ニも御勝手次第之儀、但其首に序文被為冠候に、予とのみ被称候而ハ不釣合に候間、不得已孤の字なと被用候外無之候。

と記している。この記述からは「寡人」や「孤」に替わって「予」の文字を提案していることが窺われるが、「寡」も「孤」も諸侯などが自らを謙遜していう語である。「先方」すなわち津藩側の序文には「寡人」とあるので、それに対抗して当方で「孤」を用いるのは余りに穏当を欠くというのである。これらは青山との意見の交換の中でのことであり、両者間には齟齬も読み取れるようである。善庵は朝川善庵のことで、その名がみえるのは序文成立に朝川が介在していたからである。「謙光」は『易』によるところで、謙遜してさらに光明があることの意であるが、それが失われているというのである。

四　「聿脩録の序」の本文

それでは実際の「聿修録の序」はどのような文章であったのか。井坂氏の紹介によって掲げてみよう（前掲書、読み下しは筆者）。

予、政務の暇、時に当世の功臣世家の譜牒を閲し、以て其の閥閲を諳んぜんと欲す。而れども戦国騒擾の間、記すに注間或いは闕略す。諸家の記載を探り、考覈《こうかく》して以て其の実を得んことを庶ふ。嚮に伊賀侍従高兌朝臣、予に示すに其の自ら編纂する所の聿修録を以てす。其の書は始祖高虎朝臣の功業を記し、而して其の考拠を取り、率ね幕府及び豊臣氏の賜翰、若くは家世旧記、諸臣の筆記と与に係ると云ふ。故に其の事実は精詳にして、頗る世の伝はらざる所の者有り。而して其の会粋紬繹《ちゆうえき》、記述に法有りて勗《つと》むると謂ふべし。蓋し、応仁天正の間、四海麻乱して豪傑蜂起し、封豕長蛇、互相呑《どん》噬《ぜい》す。我東照宮、義を三河に唱へ、櫛風沐雨して、間関数紀す。高虎朝臣、一旦義に感じ、節を致して綢繆《ちゆうびゆう》周旋す。出でては則ち樊張と為り、入りては則ち蕭曹と為りて、参謀画策し、知為さざる無し。遂に東照宮を佐け、皇室の為に、妖氛を掃蕩し、宇内を削平す。元勲殊功、命を錫し侯に封ぜらる。而して彊内の政、之に風声を樹て、之に文教を興し、奕世《えきせい》相継ぎ、遺教を遵奉し、能く其の家声隊つる無し。侍従に至り、尤も学を好み、学校を創建し、治教を闡明す。士林嘖々《さくさく》、皆其の賢を称ふ。夫れ、夙夜恪勤《かつきん》して左右に給事するは、豈に必ずしも忠の至と為さん。弼亮《ひつりよう》輔翼、功は天下に及ぶ。是れ忠の大なる者に非ざるか。朝夕定省して甘を薦め脆に奉ずるは、豈に必ずしも孝の至と為さん。能く其の社稷を保ち、其の令名を失はず。是れ孝の大なる者に非ざるか。然るに則ち始祖の功徳は天下に及び、裔孫令誉、無窮に施す。之を精忠至孝の、一家に萃まると謂ふは可なり。予、茲に書を覧て、尤も其の譜牒の考拠精確を嘉す。而して其の燕翼貽謀《えんよくいぼう》、脩徳紹述して、克く忠し克く孝し、其の社稷を保つに至る。其の先業を聿脩する所以の意、亦美ならずや。大雅に云ふ、爾の祖を念ふこと亡かれ、聿《ここ》に其の徳を脩めよと。侍従有り。藤堂氏少将より侍従に至る。皆、予家と与に好みを通ず。侍従、因りて予に嘱し斯の書に序せしむ。予、不敏を謝し、固より請ひて已まず。既にして侍従世に即く。令嗣高猷封を襲ひ、復、旧好を脩む。遺言を奉じ、前請を申《の》ぶ。予、竊に古人挂剣の義に感ずる有り。遂に書して以て叙と為す。

権中納言源斉脩撰

まずは語釈を試みよう。「紬繹」は糸口をみつけて問題点を引き出す、「封豕長蛇」は『左伝』（定四）に拠るところで、欲が深く残酷な人のたとえ、「呑噬」は飲み込む、他国を侵略する、「間関」は道が険しくなかなか進めない、「綢繆」はまつわりつくの意である。「樊張」「簫曹」は漢の高祖劉邦の武将家臣で樊噲・張良・簫何・曹参をさす。前二者は鴻門の会で活躍し、後二者は漢王朝の最高位である相国となり、それぞれ劉邦のために尽くした人物である。「奕世」は代々、「嘖々」はしきりに舌打ちしてほめる、「恪勤」はまじめによく勤める、「弼亮」は補佐する、「燕翼貽謀」は『詩経』によるところで子孫のためによい計画を残す、「挂剣の義」はいわゆる季札の剣のことで故人の遺志を忖度してそれを実行する（拙著『安積澹泊のものがたり』参照）、の意である。ちなみに大雅の一節は「なんじの祖先の徳を慕うことなく、なんじの徳を治めよ」が和訳で「天命が殷から周に代わった以上、殷の士に対して、殷の先祖を念うことなかれという意」である（新釈漢文大系）。

「寡」「孤」の論は幽谷の提案通り「予」で落ち着き、『詩経』大雅の一節を引いて書名の典拠も示した文章となっているが、藤原朝臣高兌《たかさわ》の叙と林衡《たいら》の跋には傍線部のような語句（東照宮や皇室）はみえていない。傍線部には水戸らしさの表現が窺えるが、それはまた根源的な相異でもあり、幽谷の思いの表明でもあろう。

五　「聿脩録の序」をめぐる問題（続々）

ところで、幽谷書簡一七〇に次のような一節がある（引用に際しては通常文字に改めた箇所がある）。

大雅文王之詩、文王孫子本支百世、王之藎臣亡念爾祖亡念爾祖聿脩厥徳、是斯書名義之所本に候所、本支百世ハ幕府并三藩之方へ当り、王之藎臣云々ハ藤堂等功臣候之方へ相当り候様、何となく冒頭有之、其跡にて照応御坐候様、聿脩祖徳ニて其祖先へ之孝ハ不及申、国家へ之忠も相立候わけ御述被遊、其御文中にハ、顧命中之熊羆之臣不二心之臣云々、乃心王室云々等をも御引入、其末に予忝守東藩云々、三藩之御事体を御述被遊、彼懇望ゆへ御序文被遣候事、其忠孝の美を御称被遊候ハヽ、事休宜様ニ御坐候。紀録之事御志被遊候ニ付云々にてハ、一ト通り士庶之文の様にて不宜と奉存候。

「大雅文王之詩」は『詩経』大雅・文王之什の首篇に、また「顧命中」は『書経』顧命にみえているが、「乃心王室云々」は「雖爾身在外、乃心罔不在王室」（爾の身外に在りと雖も、乃の心王室に在らざる罔し）とあることからの引用となる。したがって、「聿脩」の語が『詩経』大雅に拠ったことは明らかであるから、斉脩序文の修訂には幽谷が若年より親しんだ『書経』をふまえているとしてよいであろう。「乃心王室云々」に関していえば、文化七年の「大日本史を進つるの表」や文政九年の「皇朝史略の序」にもみえているから重要な文章に用いたことが確認できるが、それを『聿脩録の序』にも引いて水戸の伝統的な思いを伝えようとしたのであろう。

遺憾ながらそれを直接に「聿脩録の序」に組み入れることはできなかったが、先の傍線部をみればその一端は達成されたというべきであろう。

それでは他の件はどのように処理されたのであろうか。まず書名の「太祖創業記」であるが、これはすでにふれたように「聿脩録」と改名されているし、「太祖」も高兌の自序にはみえていないから問題なく処理されたといえよう。また高兌の自序では「寡人」ではなく「予」が用いられているので、これも達成されているとすることができよう。ただ、自序では「創業」の文字が二カ所、そして末尾には「伊賀国主」と記されているからこの二件は達成できなかったということになるが、津藩側でも何か改めにくい事情があったものと推察される。「創業」は水戸の立原派でも使用していたほどであるから、津藩側で用いていたとしても怪しむには足りないということになるのかもしれない。

六　幽谷の序文に対する思い

高兌の自序に「乃心王室」という語を用いて述べようとした幽谷の思いに連なる要素をみることは

できない。いったい序文（上表文も含む）というものはどのような性格をもつものであろうか。ここでは幽谷の序文に対する見解を整理して本題を考察してみることとしよう。

その代表的事例として取り上げる一つは、安積澹泊によって林大学頭信篤に依頼された『大日本史』序文である。この序文は『大日本史』の献上に際してのものであるが、その中に記されていた巻数が叛臣伝の構成の変更による巻数増加と齟齬を来すことが問題となったのである。もとより修史は藩内のことであるから列伝の構成変更によって辻褄を合わせることは可能であったが、逆に序文の巻数変更を大学頭に求めることも十分に可能だったのではないかとの疑問を禁じ得ないのである。それは幽谷が巻数に拘りしすぎていると批判し、さらに高児の序文に対しても（斉脩の序文は藩内のことであるからここでは考慮外としておく）異見を呈し変更を求めているからである。しかし、澹泊が変更を求めたという事実を確認することはできない。それどころか、澹泊は依頼の責任が自らにあることもあってか大学頭の序文を絶対視しているのである。幽谷が問題としたのは巻数ではなく、より根源的な問題である源義朝と藤原公宗の叛臣伝からの除外であった。幽谷はこの澹泊の措置を批判し、削除を提案したのであったが、これについては先の論究（『現代水戸学論批判』『大日本史の史眼——その構成と叙述——』及び『藝林』第六十五巻第一号収録「近世思想史と『神皇正統記』」）を参照していただくとして、ここでは澹泊が大学頭の序文を無批判に受け入れており、幽谷のような思いが窺えないことを指摘するに止めておこう。

ところで、大井松隣が起草した序文について、幽谷は義公の思いが尽くされているとし、松隣の才については澹泊の老練も及ばないであろうと高く評価している。加えて序文中における「名づけて大日本史と曰ふ」という一句の位置変更についての見解表明も「大義」上からの判断であったと考えられる（宮田正彦氏『水戸光圀の遺猷』）。

次に「大日本史を進つるの表」を取り上げてみよう。この文章は『大日本史』を朝廷に献上するに際して幽谷が藩主武公に替わって執筆したものであり、編纂の経緯といわゆる三大特筆を述べつつ、この書が国体にかかわることにもふれている。いわば義公の思いをふまえての幽谷の『大日本史』観を表明した文章ともいえよう。

さて、これまでにふれた序文は公的なものであるが、私的な文章の代表は「皇朝史略の序」であろう。いうまでもなく、この序は館僚の青山延于の著書である『皇朝史略』に付したものであるが、ここでも義公の思いを簡潔に叙述している。また『幽谷全集』には「皇朝史略の序」の直前に文化二年の「尚古閣賜宴詩の序」と文政六年の「新好斎詩集の序」という史書に関連しない序も収められているので、これも確認してみよう。

前者は、礫川邸内の尚古閣に史館の書生を召して行われた宴に関連する詩一巻に、藩主文公が幽谷に序せしめたものである。文化二年は文公の最晩年となるが、「上下幾百歳、梅を愛するを以て、其の徳の香は実に以て天地の化に参じ、盛衰の運に関する者、前に菅公有り、後に義公有り」として、

「若し夫れ、英風を西山に欽し、芳躅を北野に追はば、能く紀伝の上木、志表の脱稿、以て義公の緒を竟る」と述べ、梅花に義公の思いを観て自らの決意を明らかにしているのである。

後者は北越の無窮山人著すところの詩集に寄せた序である。山人の詩から北越の風土を想像し、その清風颯然たるを覚えるとし、「北越昔は武を用ひるの邦と称し、今は則ち文を尚ぶ」が、海外からは長蛇を為し、呑噬を逞しくし、垂涎の地であることを述べる。さらに神州は武を以て国を建てたにも拘わらず、太平久しくその弊害は極まっているのだから大人君子はこれを思わなければならないし、比羅夫の如き人をして守り備えるべきであるとし、そうして山人のように楽しみを得て、百年日々詩を詠じ、刊行することが可能なのである、と結んでいる。

このようにみてくると、史書に関連しない私的な序といえども国史を顧みて義公の思いを伝え、現今の夷狄の患を吐露する機会ともなっていたことが知られるのである。

七　むすび

幽谷が『皇朝史略』の書名にこだわったことはもとより、その凡例に「日本史」とあり、「大」の字が欠けていることを難じたのもいわば「大義」にかかわるものであったからであろう。確かに幽谷は「大日本史」の書名が義公の命名によるものではないとして「史稿」とすべきことを提案したが、一旦朝廷から認められた以上はそれが義公の思いに連なると考えたからである。「太祖創業記」という書名に関して異見を提出したのも同様な思いからであろう。それは「聿脩録の序」から派生した問題ではあったが、序の役割はその著全体にかかわるものであると同時にその内容にまで責任が伴うという認識の表れでもあろう。もとより序の代作者がその著書の内容全般にわたって責任を負うことは不可能である。しかし、序を通してではあるけれども可能な限り「大義」に則って改訂を働きかけていたということができよう。

さて、「創業」の文字否定の思想は幽谷学派に継承されるが、それは先にみた「垂統」への批判の淵源と根拠が幽谷にあったことの証明でもあろう。さらにいえば、公的な序文は文辞を掌る者による代作が通例であろうが、そうとすれば代作する者の責任は藩を代表する者としての責任が伴うであろうし、また逆に藩主はその代作に全責任を負うこととなるのであるから、一字一句といえども疎かにできるはずはないのである。幽谷が一字一句にこだわったのはそのような思いを抱いたからであり、加えて「上下の分、内外の弁」(「皇朝史略の序」)の根源を明らかにすることにもあったからといえよう。

附一　『論語』の四子言志論をめぐって

――幽谷・東湖、そして正志斎――

藤田幽谷の若き日の一連の文章には必ずといってよいほど『論語』が引用されている。それは儒学者の常ともいえようが、学問の基礎形成には確実に『論語』があずかっているということを意味するであろう。それればかりではなく、封事にも引用し現実の諸問題に対する解決策を見出そうとも努めている。例えば「丁巳封事」には十八箇所の引用がみえる。幽谷の文章にふれながら『論語』を繰っている間に、井上靖の『孔子』を読んでみようと思いたち、そこで『孔子』（新潮文庫）を読み進めてみた。

この小説の概要を紹介することは省くが、第三章の終わりのところに先進篇の二十六章（いわゆる四子言志の章）に関する記述がある。それはある春の日、子路、曾点《そうてん》、冉有《ぜんゆう》、公西華の四名が師孔子を囲んで師の質問に答える場面である。もし仕官が適い、政治を任せられるようになったら、まず何をやりたいか、と師が問うのであるが、それぞれが自らの思いを述べ、孔子が曾点の意見に賛意を表するのである。その曾点の意見は次のようなものである。

莫春には春服既に成り、冠者五六人、童子六七人、沂《き》に浴し、舞雩《ぶう》に風し、詠じて帰らん。

まずはこの部分の解釈を考えてみよう。井上氏は「春の終り、春服を着け終った頃、若者五、六人、子供六、七人を引き連れて、沂水の畔りに出掛けて行き、そこで、皆でみそぎをし、それから雨乞いの舞台に行って、そこで皆で歌を唄い、それから唄い残りの歌を、次々に唄いながら、楽しく帰って来ることにしましょう。」と叙述し、さらに師の言として「そんな立派さはないが、私は点に賛成する！楽しいではないか。自分も、すぐやってみたい！国全体が楽しく、賑やかになり、干魃もなくなるだろう」とされている。

それでは専門家はどのように和訳しているのだろうか。まずは簡野道明氏の『論語解義』であるが、「暮春三月気候の和らぎ暖かなる郊遊の好時節に、折しも春衣の裁縫も出来上がりて、元服のすみし冠者五六人、及び童子共六七人召し具して、城南なる沂水の浜に出でて、盥浴し、又舞雩とて天を祭り雨乞などする小高き処に上り、風に当りて涼を納れ、吟詠しつつ家に帰らん」とある。

次に吉田賢抗氏の『論語』（新釈漢文大系）では、「晩春の好時節に、春服に軽く着替えをして、元服したばかりの二十歳ぐらいの青年五、六人と、十五、六歳のはつらつとした童子六、七人を連れて郊外に散策し、沂《き》の温泉に入浴し、舞雩《ぶう》の雨乞い台で一涼みして、歌でも詠じながら帰ってきたいと存じます」と解釈されている。

以下、手元にある文庫本でも確認しよう。宇野哲人氏の『論語新釈』（学術文庫）には「私は暮春の長閑で暖かい時、春服が既に新調されたので、成人した者五六人童子六七人と共に、沂水の浜《ほとり》に浴し、舞雩の上《ほとり》で涼風に吹かれ、歌をうたいながら帰ろうと思います。」とみえる。

次に金谷治氏の『論語』（岩波文庫）では、「春の終わりごろ、春着もすっかり整うと、五六人の青年と六七人の少年をともなって、沂水でゆあみをし雨乞いに舞う台のあたりで涼みをして、歌いながら帰って参りましょう」となっている。

第三には貝塚茂樹氏の『論語』（中公文庫）であるが、「春の終わりごろ、春の晴れ着もすっかり仕立てあがって、冠をかぶった大人の従者五、六人、未成年の従者六、七人をうちつれ、沂水でみそぎし、そこの雨乞い台で舞を舞わせてから、歌を口ずさみながら帰ってまいりたいものだと存じます。」としている。

最後が加地伸行氏の『論語』（学術文庫）であるが、「春も末のころ、新しい春服を着て、成人が五六人、童子が六七人、打ちつれて沂水へ行き、そこで顔や手を清め、舞雩、あの雨乞い壇」に上って春風に吹かれつつ遊び、日暮れのころ、歌を唱いつつ家路につきたいと思いまする。」との解釈である。

釈文比較の前に、原文の解釈では「浴」と「風」が重要であるから、この語釈を確認しておこう。

簡野氏は「風」を「涼に乗ずるなり。納涼をいふ」、宇野氏は「風」を「涼しい風に吹かれるのである」、金谷氏は武内博士が「浴」を「沿」に改め、「風」を「放」と同じにみたことを注記されている。

貝塚氏は「風す」はそこで風にさらして浴（ゆあみ）した体をかわかすという説もあるとして、たぶんみそぎをしてから、と注記される。加地氏には特別な語釈はみられない。ちなみに『論語集註』には「浴は盥濯なり。今の上巳の祓除、是なり」とみえているが、吉田氏は安井息軒の説を「浴とは裸になって水に入らなくてもいい。手を洗い顔を洗うのも浴で、暮春は温暖、少し歩くと微熱を覚えるから、川で手や顔を洗ってさっぱりしたこと。郊遊の佳境といっている」と紹介している。

以上の解釈は大同小異ではあるが、貝塚氏が比較的よいであろうか。宇野氏には「曾皙が能く道を楽しんで、他人の知ると知らぬとに拘わらず、時と処とに安んじてることをほめて」との解釈も付加されているので、他よりは好感がもてる。このような専門家と比べても井上氏の解釈はそれなりに優れているように思われる。私は簡野氏や集註のように「浴」にはみそぎの意が含まれると思うし、また「風」には祈りがあると思う。少なくとも、表面的な状況では無く、政治や道徳への根源的な哲学を読み込まなければならないのではないか。そうでなければ『論語』を読んだことにはならないのではないかと思う。

また直接の解釈ではないが、白川静氏は『詩経』（中公新書）において『詩経』にみえる山川の歌謡としての万舞（羽舞・干舞）を解説して、舞は雨乞いの祭であったとされ、卜辞によれば山河などの聖地で行われ、その場所がのちに舞雩とよばれたとして、「沂水に浴するのは、みそぎをするのである。三月三日の上巳の日に、魯の沂水ではみそぎが行われた。それはおそらく、もと雨乞いの舞雩の行われていたところであろう。」とし「沂水の舞雩はのち歌垣の行事として伝えられた。」と述べられている。

○

ところで、かつて村尾次郎博士が水戸史学会大会での講演で東湖の「曾点論」にふれられたことがある。それを博士の『鎮魂の賦』(伝統文化叢書三)に収録されている論文で紹介しよう。博士は原文の解釈について、春服を「春季の農作業」、浴を「水垢離《みずごり》」、風を「稔りを祈る民謡」とされた上で、

春も終りに近く、春季の農作業も済んだので、夏を迎へる仕度に村の大人や子供を誘ひ、川に入つて水垢離をとり、〈身を浄めて〉台に上り、慈雨を祈る歌を作り、みんなでそれを詠謡しながら家に帰る。

と文釈されている。博士の解釈は年代的には貝塚氏の後にくるが、金谷氏の解釈を「殆どわけが分らない」とされ、「春の終りに春着が整ふなど、辻褄の合はぬこと甚だしい」とも注記されている。やはり『論語』に掲載されているということを十二分に考慮しなければならないと思う。

東湖の「曾点論」は「東湖遺稿」に収められている。彼はこの論の中で朱子による理説の解釈を批判して「はたして斯の説の如くんば則ち孔子の与する所、ただに空理のみ、その気象のみ、その彷彿曖昧の間のみ」と述べ、孔子の学と矛盾するとして実学思想から理説を斥けたのである。博士は末尾にみえる「空理虚文、実用に適はざるものは決して孔子の教にあらず」を引き、論旨の一貫していることを指摘されている。東湖の主張の若干を確認してみよう。

三子の志、或いは強兵を期し、或いは富国を期し、或いは脩礼を期す。皆其の生平の蓄積する所なり。而して夫子教育の力、之をして然らしむれば則ち其の事業に於いて、必ず将に卓然として称すべき者有るべし。然るに此れ特に一侯国の政のみ。一材一能の事のみ。

そしてまた、

点は狂者なり。其れ当世を傷み、古人を慕ふの余、蓋し必ず慨然として世を済ふ志有り。故に其の言太平の楽しみを楽しまんと欲するを曰ふに過ぎざるのみ。

と述べ、さらに、

夫れ、而る後斯の楽しみを得て、点の志達せり。嗚呼、点既に斯の楽しみを慕ふ有り。独り斯の事業を志す無からんや。伊尹の所謂斯の君をして堯舜の君為らしめ、斯の民をして堯舜の民為らしむる者は、即ち点の志願なり。而して范仲淹称する所の天下の憂を先にして憂ひ、天下の楽しみに後れて楽しむ者は、以て点の言に発明すべし。然れば即ち点の志す所は仁人の心なり。言ふ所は天下を安んずるの事なり。指す所は礼楽の極致なり。

と曾点の思いを推し測っている。伊尹は殷の宰相、「范仲淹称する所」は「岳陽楼の記」にみえるところである。

要するに、東湖は曾点以外の三名の論（三子の志）、すなわち子路の強兵、冉有の富国、公西華の脩礼は天下全体ではなく、一侯国のみで、しかも政治の一部を考えていることにすぎないとし、それが孔子の賛同を得られなかった理由だというのである。宋儒（朱子であろう）の説を批判しつつ曾点の本志に迫ったのであるが、村尾博士も引用されるように「空理虚文にして実用に適はざる」ものは孔子の教えではなく、「必為の志」の無いものは孔門の徒ではないとし、またそれのみならず曾点の罪人ではないか、と論を結ばれるのである。

○

幽谷の高弟である会沢正志斎は『論語』にみえるこの議論に関して「四子志を言ふの論」（『会沢正志斎文稿』）という一文を成している。その一節に、

三子の言ふ所は一国の政事に過ぎず。曽皙《そうせき》（点）の若きは則ち慮遠大に存し、近效の小利を屑《いさぎよ》しとせず。而して孝弟仁義を以て天下の民を化さんと欲す。是れ即ち徳道礼斉の意なり。而して其の辞を詳らかにするの言、願はくは郷閭《きょうりょ》（村里）の子弟を携へて、三々五々、郊野《こうや》（町はずれの野原）を徜徉《しょうよう》（逍遙）し、春の日遅々として諷詠し家に帰らん。数言の間、従容として和楽の意想ふべし。夫れ、礼楽を以て天下を化導し、学を設け教を敷き、而して其の、群を楽しみ師に親しむは此の如し。則ち太平致すべし。故に夫子深く歎きて之に与《くみ》す。

と記している。正志斎もまた曾点に賛意を表明しているのであるが、おそらくは師幽谷の教えをふまえたものであろう。また、正志斎は次のようにも述べている。

後世、天下の学者を挙げて悉く顔閔を以て之を律せんと欲す、亦難ぜざるか。而して近世、邪説

を為す者、乃ち言ふ、夫子、革命の秋に当たるべし。故に曽晳微言を作すと。是亦、春秋の罪人なるのみ。

「顔閔」は顔淵と閔子騫《びんしけん》のことであるが、ともに徳行の優れた人物として知られる。『論語』には両者に関する記述が少なくないが、特に孔子が顔回の死を嘆いたことは著明である。注目すべきはその後の「近世邪説を為す者」以下である。この「近世邪説を為す者」は荻生徂徠とされている（『会沢正志斎文稿』の頭注）。

それは『論語徴』（東洋文庫）に「然れども礼楽を制作すとは、天子の事、革命の秋なり。ゆゑに君子は之れを言ふを諱《い》む。顔子、邦を為《おさ》むるを問ふ。以て見る可き已《のみ》。且つ公西華は礼楽に謙なり。而して曾点その後を承けたれば、則ち礼楽を言ふ容《べ》からず。かつその意三子が諸侯の治を志すを小とするなり。而して之れを言ふを離《はばか》る。ゆゑに志を言はずして、已今の時を言ふなり。是れ微言なるのみ。夫子、其の意の在る所を識る。ゆゑに深く之れを嘆ずるなり。」とみえるからである。徂徠は「微言なるのみ」というが、この引用の前の箇所にも「按ずるに曾点浴沂の答へは微言なり」とみえる。「微言」は直接的でなく遠回しの言い方の意であろう。徂徠は曾点が礼楽の治に志あるにもかかわらず述べ得なかったことを難じているようであるが、「革命の秋」とは如何なる意味なのか。

実はこの引用の前に孟子が曾点を狂者と評し、「古への人」と言ったとして「其の志極めて大にして、礼楽を制作し、天下を陶治するに志有り」と述べているのであるが、それはあたかも天子が制作する礼楽を曾点が為すかのように捉えたからであろう。礼楽を制作するとすればそれは「革命の秋」だというのであるが、それは徂徠の認識にすぎない。いうまでもなく孔子はそのようなことを述べてはいない。夫子すなわち孔子が曾点の志を識ったのはその通りであるが、それは革命とは何の関係もない。そのことを正志斎は「邪説」として斥け、「春秋の罪人」に価すると結論したのである。「春秋の罪人」とは孔子の罪人でもあるから、「必為の志」のないものは「孔門の徒」ではなく「曾点の罪人」とした東湖と奇しくも一致する。なお、「春秋の罪人」というのは『孟子』滕文公下にみえる一節からの援用であろう。

いずれにしても、曾点が一国に止まらず天下を安んずる志をもつという認識では東湖も正志斎も徂徠も一致するけれども、曾点の発言を「微言」とするのは「革命の秋」と関連して水戸学とは大きな径庭を有するものである。

〇

以上はわずかに『論語』の一節に言及したにすぎないけれども、これによって東湖・正志斎の理解と決意を窺うことができるとともに、またそれは幽谷の孔子理解を基礎とするものと思われ、そこに先人の父子及び子弟関係（すなわち師承の学問）の一端をみることができよう。また、「空理虚文」を廃し、実用を重んじた後期水戸学の精神が幽谷に発していることの確認とともに、いわゆる文学的解釈のみでの古典や古人の理解には困難が伴うといわなければならないであろう。

附二　青少年期著作年代一覧

＊主として『幽谷全集』による。数字は年齢、?は推定

天明6　13
赤水先生七十寿序（11月）
与高野子隠（3月5日）
呈斎藤伯通君執事（9月19日）
擬対策（二論あり）
逸題（9月）

7　14
与綿引徳卿先生（10月18日）
報外岡子慎（10月18日）
復釈西天（10月24日）
野口印譜序（10月、『在郷之文人達』による）
天王弁

8

15

読荘子
列国史書通名春秋論？
送安芸頼春水序（2月28日）
与赤水先生（月日不明？）
読四家雋（3月）
送備中古河翁従巡検使適奥羽二州序（春）
志学論（4月）
呈伯時先生（5月）
答斎藤伯通君？
与原・小宮山二子（8月21日）
与原子簡（8月24日）
送丹叔倫帰郷序（10月、8日以前）
報神丘丹子成？
与小宮山君？
私試策問（10月）
対問（10月）

寛政元　16

私擬対策（10月）
対原子簡問（10月）
読古文孝経孔氏伝（10月27日）
与綿引徳卿先生（10月28日）
与高橋子大？
対都築伯盈問（11月）
与加倉井子弥？

2　17

答木村子虚（正月14日）
与綿引先生（3月13日）
送原子簡序（3月）
悼松江盧先生詩序（3月）
春秋不独魯史之名（3月）
幽谷随筆巻一（7月4日）
送瘧文並引（8月）
楽処士伝序（9月）
安民論（11月4日）

幽谷随筆巻二？
読書雑記？
舜典二十八字考？
3 18 比観亭碑并序（正月）附記（5月）
与赤水先生（4月21日）
為学対並序（4月24日）
賜盞記（4月）
正名論（10月）
与小松玄仙（7月18日）
建元論（10月11日）
蚌石硯銘（10月17日）
4 19 二連異称（6月）
5 20 初度封事（12月）↓現存せず
6 21 与杉山子方（2月11日）
祭高山処士文（3月）
報川口嬰卿（9月）

卜欲篇序（11月）

7　22　書飲酒自責（9月24日）
書古玉図後（9月28日）

8　23　上総裁（正月17日）
太山題辞帖跋（3月19日）
送浮屠実原師序（3月）
書妙霞台記後（8月）
与河原左膳

9　24　与校正局諸学士（8月）
丁巳封事（11月）
修史始末（11月22日）

10　25　西土詰戎記序（3月）
大高翁栽菊詩巻序（5月）
大竹氏所蔵香炉記（12月）

11　26　勧農或問

初出一覧

第一章　『水戸史学』第七十八号（平成二十五年六月）
第二章　『水戸史学』第七十九号（平成二十五年十一月）
第七章　『藤田幽谷先生に学ぶⅠ・Ⅱ』（平成二十三・四年度水戸学講座講録）
第十三章　『藝林』第五十五巻第一号（平成十八年四月）
第十四章　『水戸史学』第九十号（令和元年六月）
第十五章　『水戸史学』第八十四号（平成二十八年六月）
第十六章　『水戸史学』第八十六号（平成二十九年六月）
第十七章　『水戸史学』第八十三号（平成二十七年十一月）
第十八章　『水戸史学』第八十五号（平成二十八年十一月）

＊その他の章及び第七章と第十六章の補論は未発表新稿である。
＊発表時に小見出しのないものには収録に際して新たに付加した。

＊章名は発表時のままである（第十七章以外）。
＊付記の一部に増補を加えた外、全体の統一のため若干の改変を施した箇所がある。
＊誤植等の訂正や文字の統一とともにルビを増補した。

あとがきにかえて

藤田幽谷は安永三年（一七七四）に生まれて、文政九年（一八二六）に歿したので、十八世紀に前半生、十九世紀に後半生を送ったことになる。館僚の青山雲龍、水戸家に出入した国学者の平田篤胤、町人学者の狩谷棭斎などは同時代人となる。思えばこの時期には多くの人材を輩出したが、中でも幽谷は極めて傑出した人物である。幽谷を位置づけるとすれば何といえばよいであろうか。歴史家であろうか、教育者であろうか、藩の役人であろうか、それらをすべて含めて水戸学者とすべきであろうか。いずれにしても、我が国の思想界の驍雄というべきであるが、「近世正学の指標」（『藤田幽谷の研究』収録の荒川久壽男教授論文、後『水戸史學の現代的意義』にも収録）という形容はまさに正鵠を射たものであろう。

さて、本書に収めた論考は主として若き日（青少年期といってもよい）の幽谷に焦点を当てたものであるが、一点ではあるけれども補っておきたい。幽谷とほとんど同年の人物に石川清秋（号は慎斎、安永二年の生まれであるから一歳の年長）がいる。字を公勤といったが、この人物に宛てた「石川公勤に与ふ」という一文がある。年代がはっきりしないため著作年代一覧には収めていないが、恐らくは寛政七年の作かとも思われる。

それは文中に「足下と別るること既に三年」とあり、小宮山楓軒の「公勤説」が同四年の作であるからである。「公勤説」は先輩である楓軒が公勤の江戸行に際して自らが贈った字のいわれを綴った一文である（秋山高志氏『水戸の文英』所引）。『論語』から子夏の「仕へて優なれば則ち学び、学んで優なれば則ち仕ふ」という一節を引きながら、勤める者の心構えにふれつつ目指すところを説いたものである。

一方、幽谷の説くところは、前段が青山氏から得た鎌倉における詩文批評であり、後段は来教を辱うしたことに対する感慨を吐露したものである。特に後段では、志を立てれば千秋の業が期待できるが大抵出世を望む俗吏は利禄を求め、日々を送るのみである。しかし、公勤はそうではなく君命に従って地を選ばず職分を為し、発憤読書に寸暇を惜しんで力を尽くし身を修めようとしている。職分を為す者はよく志を持たなければならないし、人は学ばなければそれで終わりである。公勤は小吏ではあるが、「他山の石として玉を攻める（『詩経』、知性を磨くこと）」べきであり、それが学問である。史局に在る自分は学問も進まないが、足下の書を得ての発憤興起はその賜である、とする。いわば、両者は切磋の友といい得るであろう。

さらに後年のこととなるが（ともに郡奉行として公務に尽くしていた頃）、幽谷が公勤に和した七言律詩（「幽谷詩纂」）をみれば両者の交遊の継続を窺うことができよう。

なお、蛇足となるが東湖に天保十三年作の「慎斎先生の詩に次韻す」という七言古詩がある。追鳥狩を詠じたものであるから慎斎にも関連の詩があったのであろう。そうしてみると、慎斎は幽谷亡き後晩年まで東湖との交遊を維持していたといえよう。

◯

ところで、幽谷を考える際にどうしても念頭におかなければならない論文がある。すでに言及してはいるが、名越時正先生の「水戸学派における武家政治批判と王政復古の思想」(昭和三十六年『神道学』第三十一号収録)という論文である。題名に幽谷の名こそみえないけれども、幽谷が主題であることは小見出しをみれば一目瞭然となろう(他に序言と結言あり)。

第一節　「正名論」における武家政治批判
第二節　幽谷学形成の由来(その一)
第三節　幽谷学形成の由来(その二)
第四節　前期水戸学派との関係について

また、この論文が『水戸学の研究』(昭和五十年、平成九年復刻)に収録された際には「藤田幽谷の理想と武家政治観」と改題されていることによっても明らかであろう。この論文では「正名論」にみられる武家政治批判の由来を交友関係や史館での勉強などを通じて形成されたこと、さらに孔子春秋の意義を究明して義公修史の精神との通底を発見し、栗山潜鋒の『保建大記』による感奮及び『神皇正統記』を通じての潜鋒との連携、高山彦九郎との切磋などによることに言及されている。

本書に収めた諸論は名越先生のこの論文に拠りながら一つ一つを確認したにすぎないのではあるが、それでもすべてに及んだわけではない。例えば、『神皇正統記』に関するものは『藝林』第六十五巻第一号（平成二十八年）に収録の、

「近世思想史と『神皇正統記』――水戸学を中心に――」

を、また併せて、
①『藤田幽谷のものがたり』（平成二十六年）子息東湖を通じて幽谷の生涯を小説風に考察したもの
②『藤田幽谷のものがたりⅡ』（平成二十七年）師立原翠軒との関係を研究史的に考察したもの
③『藤田幽谷のものがたりⅢ』（平成二十九年）館僚青山雲龍との関係を思想的観点から比較考察を試みたもの
④『安積澹泊のものがたり』（平成平成二十七年）幽谷を通して澹泊の生涯を小説風に考察したものなども刊行しているのでご参照いただければ幸いであるが、幽谷の探究はまだまだ途上であることを自覚しないわけにはいかない。

○

本書が水戸史学選書の一冊として刊行されることは大きな喜びであるが、これまでに多大な御指導

を賜った故名越時正先生はじめ水戸史学会及び常磐神社の皆様、関係各機関、そして錦正社の方々に深甚なる感謝の意を表したいと思う。また、これまで『水戸の国学――吉田活堂を中心として――』以来十一冊の拙著刊行にご高配をいただいた故中藤政文会長に深謝の誠を捧げ、謹んでご冥福をお祈り申し上げたいと思う。

令和三年七月

梶　山　孝　夫

著者略歴

梶《かじ》山《やま》孝《たか》夫《お》

昭和 26 年　茨城県生
大学卒業後茨城県内の私立学校に奉職、平成 24 年 3 月退職
現在　水戸史学会理事
　　　藝林会理事
　　　温故学会顧問
　　　博士（文学）

主要著書　新版佐久良東雄歌集（錦正社）
水戸の國學―吉田活堂を中心として―（錦正社）
水戸派国学の研究（臨川書店）
大日本史と扶桑拾葉集（錦正社）
現代水戸学論批判（錦正社）
大日本史の史眼―その構成と叙述―（錦正社）
藤田幽谷のものがたりⅠ～Ⅲ（錦正社）
安積澹泊のものがたり（錦正社）
水戸の国学者　吉田活堂（錦正社）
金沢八景と金沢文庫（錦正社）
義公漫筆（錦正社）

〈水戸史学選書〉　若《わか》き日《ひ》の藤《ふじ》田《た》幽谷《ゆうこく》――その学問形成《がくもんけいせい》――

令和三年七月十五日　印刷
令和三年七月二十七日　発行
※定価はカバーなどに表示してあります。

著者　梶山孝夫
企画　水戸史学会（会長　宮田正彦）
装幀者　吉野史門
発行者　中藤正道
発行所　錦正社
〒一六二―〇〇四一
東京都新宿区早稲田鶴巻町五四四―六
電話　〇三（五二六一）二八九一
FAX　〇三（五二六一）二八九二
URL　https://kinseisha.jp/
印刷所　㈱文昇堂
製本所　㈱ブロケード

ISBN978-4-7646-0144-4